大数据时代
中小企业经济管理与发展研究

胡 晓 著

中国商业出版社

图书在版编目（CIP）数据

大数据时代中小企业经济管理与发展研究 / 胡晓著. 北京 ： 中国商业出版社， 2024. 9. -- ISBN 978-7-5208-3138-3

Ⅰ. F276.3

中国国家版本馆CIP数据核字第2024RV0933号

责任编辑：许启民

策划编辑：武维胜

中国商业出版社出版发行

（www.zgsycb.com　100053　北京广安门内报国寺 1 号）

总编室：010-63180647　编辑室：010-83128926

发行部：010-83120835/8286

新华书店经销

北京厚诚则铭印刷科技有限公司印刷

*

710 毫米 ×1000 毫米　16 开　6.5 印张　115 千字

2024 年 9 月第 1 版　2024 年 9 月第 1 次印刷

定价：36.00 元

* * * *

（如有印装质量问题可更换）

前　言

在当今信息化浪潮汹涌的大数据时代，中小企业正站在一个全新的历史交汇点上，它们既是市场经济的活力源泉，又是推动社会创新的重要力量。然而，这个时代也赋予了中小企业前所未有的机遇与严峻的挑战。一方面，大数据、云计算、人工智能等新一代信息技术的快速发展为中小企业提供了更加精准的市场洞察、更高效的运营管理和更广阔的创新空间；另一方面，全球市场竞争的日益激烈、消费者需求的快速变化以及技术革新的日新月异也对中小企业的生存与发展提出了更高的要求。因此，中小企业要在这场变革中立于不败之地，就必须积极拥抱新技术，充分利用大数据等现代信息技术手段，实现经济管理、市场拓展、人才培养等多个方面的创新和优化。这不仅需要企业具备敏锐的市场洞察力和创新思维，还需要企业构建适应大数据时代的管理体系，以提升企业的核心竞争力。本书基于这一背景，全面探讨大数据时代下中小企业的发展路径和管理策略。

本书围绕"大数据时代中小企业经济管理与发展研究"这一主题，以大数据时代与中小企业为切入点，由浅入深地阐述大数据时代的内涵、中小企业的界定及发展特征、大数据时代中小企业管理模式创新等，诠释了大数据时代中小企业经济管理的范畴、大数据时代"专精特新"中小企业的培育与发展，分析了中小企业数字化转型的逻辑理路、数字化转型推动中小企业高质量发展等内容，以期为读者理解与践行中小企业经济管理提供经验。本书内容翔实、条理清晰、逻辑合理，兼具理论性与实践性，适用于从事相关工作与研究的专业人员。

本书从整体结构上来看，从理论到实践，全面铺开论述，内容系统且有层次，涵盖了相当多的理论知识与设计方法，并在写作的过程中突出以下的特点：一是内容上的全面性，涵盖大数据时代中小企业经济管理与发展研究的多个方面知识；二是实践上的适应性，使读者在阅读的过程中产生立体感，在大数据时代中小企业经济管理与发展研究方面起到了指导性的作用，适合各个阶段的人群；三是写作上的规范性，做到内容清晰、理论规范、章节合理、逻辑严谨；四是提出了大数据时代中小企业经济管理与发展研究的可持续性，大胆创新，认真实践，科学地阐述了今后的发展道路，给读者以启示。

本书在写作过程中参阅了部分学者的相关资料，在此表示最诚挚的谢意。由于笔者的水平有限，书中难免有疏漏或不妥之处，恳请各位专家、同行及广大读者批评和指正。

胡　晓

2024 年 5 月

目录

第一章　大数据时代与中小企业概述

第一节　大数据时代的内涵阐释

一、大数据时代的产生背景

移动互联网的发展促进了现代各类硬件、软件设施的发展，各种各样的数据都汇聚在互联网中，加快了大数据时代的到来。大数据时代的到来是时代进步、科技发展、历史进化的必然结果，大数据时代是人类共同努力的产物。

(一) 信息科技的发展提供物质基础

无线网络通信技术的发展让人与人之间的距离更近，信息技术已经全面融入人类生活、工作当中，信息的收集也十分便捷。只要想收集信息，随时随地都可以通过互联网获取信息，只要人们在网络中活动，就会被记录下来，这些记录形成了一个数据库，这就是大数据。

信息科技的飞速发展，为大数据时代的到来奠定了坚实的基础。在这一过程中，云技术扮演着至关重要的角色。借助云技术，我们能够将人们在网络中的各类数据记录有效地录入数据库，并上传至云端。如今，只需通过任何一台连接互联网的设备，人们便可轻松访问云数据中心，获取所需信息。此外，物联网和移动终端成为大数据的重要来源。在现实生活中，传感器无处不在，如四周的监控摄像头、随身携带的手机等，它们都在不断地感知着周围的变化，并产生海量的数据。这些数据通过互联网得以完美呈现，让我们的生活更加便捷。

值得一提的是，社交活动在大数据生成中发挥着重要作用。社交群能够将具有相同爱好和兴趣的人们聚集在一起，使他们在互联网中找到归属感，实现信息的聚类传播。这种需求进一步推动了创新，促使更多的 App

被开发出来，人们在移动终端上的使用又产生了大量的数据，形成了一个良性的循环。

（二）网络用户的增长提供客观条件

信息技术和经济的发展，促使人们的物质生活有所提高，人们越来越重视精神文化生活，越来越多的人群进入互联网当中。截至2023年12月，我国网民规模达10.92亿人，其中手机网民规模达10.91亿人。网络用户群体数目的增长为大数据时代的到来提供了客观条件，越来越多的人进入网络中。就目前来看，网络用户的主要群体有社会团体、企业、传媒、政府、政党、个人。各类组织团体可以在网络中充分展现自己的组织特色，发布组织活动和信息。互联网也可以成为政府和民众的沟通桥梁，传媒通过互联网来影响舆论，发布时代信息，提供服务。还有一些个人、企业在网络中设立网页等来售卖商品获取利益。“网络成了一个虚拟社会，各种网络行为的产生，在网络中的痕迹都无法抹去，并持续不断地计入数据库中，为数据库的增长提供了客观条件，这是数据库的坚实后盾”。①

（三）社会的数据化发展提供需求动力

社会的数据化发展提供了需求，有需求便产生了动力，促使变化和变革的产生。现如今，人们的生产生活和社会管理方式正在不断向智能化、精细化迈进，国民生活水平不断提高，社会管理和公共服务水平也不断提高，相关的数据学科也得到前所未有的发展。人们的社会生活数据化，企业的管理模式数据化。从数据化的效果来看，人类社会的结构更加扁平，信息交流更加顺畅，一般概念上都认为这是社会进步。同时，亚文化被大量激活，如二次元文化、汉服文化、核心音乐、各种“发烧玩家”等。这种结构带来的高速信息交流，又带来了文化的快速演变、迭代和进化。在中文这种可以快速构成、可以被广泛理解的新词语的语境中，效果尤其明显。

① 王婧.大数据时代大学生道德教育研究[M].北京：现代教育出版社，2016：67.

二、大数据时代的特征

大数据时代早已到来。大数据是信息高新技术高速发展趋势的产物，要全面掌握大数据，必须根据大数据的情况把握时代的特征。大数据之前不被重视，而现在被视为获取信息重要的手段之一，它是大数据时代的关键转型。以下简述了几个大数据时代的特征。

第一，个性化。在大数据时代，伴随着大数据技术的快速兴起与普及化，电子信息技术不但推动社会科学和人文学科的发展，还全方位地融入社会发展和人们的日常生活，人们在不同行业收集的数据量达到了史无前例的水平。另外，数据的产生、储存和处理方法发生了颠覆性的转变，人们的工作与生活大部分都能够完成智能化。大数据时代对于信息的选择可以有完全的自主性，这样可以实现完全的个性化发展，以满足在大数据时代搜寻数据的个人需求。

第二，互动性。在大数据时代，数据的获取和收集都是由于互动产生的，是人与人之间的互动、人与机之间的互动、机与机之间的互动。互联网的发展实现了远距离甚至无距离的互动，摆脱了时间和地点的限制。人们可以根据自己的需求和喜好，自行选择自己需要的信息，并控制信息的呈现。

第三，开放性。大数据时代展现了从信息公布到数据技术性演变的多维度画轴，在大数据时代也有越来越多的数据被对外开放，被交叉式应用。在这个过程中，虽然会考虑到对客户隐私保护的维护，但对外开放的、公共性的网络空间是必然趋势。互联网和云计算技术的发展为大数据时代的共享提供了更加便利的手段。各种移动设备的发展，将大量的数据都放置于公共空间之内。“数据的对外开放给数据共享奠定了基础，提供了更多的便利。在开放程度如此高的环境下，做到了对未来数据的准确预测，可以无限接近未来的变化”。①

第四，泛互联网化。互联网化是一种理念，是指企业利用互联网（包括移动互联网）平台和技术从事的内外部商务活动，互联网实现了资源整合与互动。在大数据时代，计算机网络成了人们生活中必不可少的一部分，是人

① 韩洪.运用内控评级数据库提高内部审计效率和质量[J].中国内部审计，2019(10)：32-39.

们进行交往和交流的前提，人们通过计算机进行生活、交流、创作等，通过计算机网络逐步实现信息的共享、服务的共享。

三、大数据时代的发展趋势

大数据时代是世界未来的发展趋势，它正在潜移默化、悄无声息地改变着世界的运行方式，数据中所蕴含的力量势不可当。

第一，由于信息时代不断发展，信息技术不断提高，各类移动设备不断普及，人们随时随地都可以发布信息和获取信息，这导致云数据库中的视频、图片、音频等都呈爆炸式增长。日常生活中的各类传感器也在时时刻刻获取新的数据，不断更新，并且迅速增长，形态也各种各样。

第二，数字化生存方式。在大数据时代，人们不仅可以在现实生活中进行学习和生活，数字化政治、数字化经济、数字化文化等都呈现一种新型社会生存状态，给人们的生活带来了全新的变化和体验，人们在网络社会中进行情感交流。大数据时代，人们的种种生活习惯都被记录在数据库中。

第三，数字化时代，一切都可以被量化。大数据发展的核心来源于人类对于数据的测量、记录和分析。从某种意义上讲，数据是对于某种事物的描述，数据可以记录某件物体、某件事情。数据化是将抽象转化为具象、量化的一个过程。大数据时代，一切都可以是数据的提供者，数据化的核心是量化一切。文字也成了数据的一部分，方位也是数据的一部分，人与人的关系也是数据的一部分，存在的一切都可以形成数据，数据构成了人们的全部生活、人们生活的整个宇宙。

第四，数据价值彰显。数据的价值从最初的记录，转换为被交易对象，又转变为未来的潜在用途。数据的潜在价值包括对数据的再利用以及对数据二次记录重组。对数据进行展开分析，数据逐渐成了人们在生活中的某项无形资产，拥有数据，相当于拥有了变现的能力，拥有了对未来时代发展的把控能力。数据的价值不会随着它的使用而减少，但会随着对数据的不断加工而翻倍。

第五，思维方式变革。大数据时代到来，人们的思维理念也随之产生了根本性的变化。人们开始用整体的眼光来看待世界，逐渐认识到世界的多样化，认识到在世界生活中数据的重要性。一切数据都将对外开放，人们打破了固有的思维模式，启动了新的思维，从大数据的角度来看待事物、探索事物。

第二节 中小企业的界定及发展特征

一、中小企业的界定

根据《中华人民共和国中小企业促进法》(以下简称中小企业促进法）规定："本法所称中小企业，是指在中华人民共和国境内依法设立的，人员规模、经营规模相对较小的企业，包括中型企业、小型企业和微型企业。中型企业、小型企业和微型企业划分标准由国务院负责中小企业促进工作综合管理的部门会同国务院有关部门，根据企业从业人员、营业收入、资产总额等指标，结合行业特点制定，报国务院批准。"

从理论上讲，中小企业一般是指规模较小的或处于创业阶段和成长阶段的企业，包括规模在规定标准以下的法人企业和自然人企业。

在社会认同和制定扶持政策的实践中，人们对中小企业有广义和狭义两种理解。其中，广义的中小企业一般指除国家确认大型企业之外的所有企业，包括中型企业、小型企业和微型企业。而狭义的中小企业不包括微型企业，通常认为微型企业是指雇员人数在 8 人以下的具有法人资格的企业和个人独资企业、合伙企业以及工商登记注册的个体和家庭经济组织等。

(一) 我国中小企业的界定标准

2011 年，经国务院同意，工业和信息化部、国家统计局、国家发展和改革委员会、财政部联合印发《关于印发中小企业划型标准规定的通知》(工信部联企业〔2011〕300 号)，依据行业特点联合制定了一个中小企业衡量标准，具体内容如下。

1. 工业

中小型工业企业须符合以下条件：职工人数 2000 人以下，或销售额 30000 万元以下或资产总额为 40000 万元以下。其中，中型企业须同时满足职工人数 300 人及以上，销售额 3000 万元及以上，资产总额 4000 万元及以上；其余为小型企业。

2. 建筑业

建筑业中小型企业须符合以下条件：职工人数3000人以下，或销售额30000万元以下，或资产总额40000万元以下。其中，中型企业须同时满足职工人数600人及以上，销售额3000万元及以上，资产总额4000万元及以上；其余为小型企业。

3. 批发和零售业

零售业中小企业须符合以下条件：职工人数500人以下，或销售额15000万元以下。其中，中型企业须同时满足职工人数100人及以上，销售额1000万元及以上；其余为小型企业。

批发业中小型企业须符合以下条件：职工人数200人以下，或销售额30000万元以下。其中，中型企业须同时满足职工人数100人及以上，销售额3000万元及以上；其余为小型企业。

4. 交通运输和邮政业

交通运输业中小型企业须符合以下条件：职工人数3000人以下，或销售额30000万元以下。其中，中型企业须同时满足职工人数500人及以上，销售额3000万元及以上；其余为小型企业。

邮政业中小型企业须符合以下条件：职工人数1000人以下，或销售额30000万元以下。其中，中型企业须同时满足职工人数400人及以上，销售额3000万元及以上；其余为小型企业。

5. 住宿和餐饮业

中小型企业须符合以下条件：职工人数800人以下，或销售额15000万元以下。其中，中型企业须同时满足职工人数400人及以上，销售额3000万元及以上；其余为小型企业。

(二) 中小企业的类型

依据不同的分类标准，可将中小企业分成不同类型。

按照生产资料所有制可将其分为四类。第一类是国有中小企业。从来源上看，地方国有中小企业所占的比重较大。主要解决城市劳动者就业问题，产品主要是日常生活用品。第二类是城镇集体企业。多是在个体手工业合作化基础上产生的，分布面广，具有较高的兼容性和适应性。从技术与产品角度看，多偏重于传统性技术内容，劳动密集程度较高，主要解决城镇劳动者就业问题，以及传承地方传统技术与传统文化。第三类是乡镇企业。地理分布较广，涉及农、工、商、建筑、交通运输等领域。通过乡镇企业的发展，成功地将两亿多农民从农田转入了工厂，却没有造成城市危机，在中国的城镇化、工业化和现代化进程中贡献突出。第四类则是个体私营企业。包括个体企业和私营企业。其中，个体企业指的是经营者的个体性与劳动性，包括个人独资企业、家庭企业、雇工经营的个体企业；而私营企业则是以雇工形式为主的企业。个体私营企业作为社会主义市场经济的重要组成部分，它的发展对鼓励和使用民间投资、解决就业增加地方财政收入、实现稳定提高人均 GDP 等均有不俗的表现。

另外，按照企业财产组织形式，中小企业可分为业主制企业（包括个人独资企业）、合伙制企业、有限公司制企业三类。还有按照企业主导资源充裕度（决定企业竞争力高低的资源的丰裕程度），可将中小企业分为资本密集型企业、劳动密集型企业、技术（包括知识、信息）密集型企业。现实中的科技型中小企业多属技术密集型企业（有的兼有资本密集型企业），这类企业在国民经济中更多地承载着技术创新的重任，是新兴产业的策源地。“城市型中小企业”则是为城市居民生活提供必需的各种用品、服务的中小企业。而“加工制造型中小企业”则是加工、制造构成大企业制成品所需的零配件、装置，或生产成品以供应大企业销售。

二、中小企业的发展特征

通过多年的发展，我国中小企业的竞争力得到明显提高。与工业化国家中小企业发展相比较，我国中小企业的发展具有明显的特征，突出表现在以下几个方面。

（一）我国中小企业的发展历程与特定的政策背景相关，带有很强的政策特征

中小企业发展的起步阶段（1949—1957 年），动员了全国手工业者组成合作社，形成了大量中小企业。中小企业快速发展阶段（1980—1994 年），

是由于为了转移农村剩余劳动力，政府提出了“进厂不进城，因地制宜，发展农村乡镇企业”的政策，农村经济开始冲破生产资料公有制的单一结构，大量涌现出个体、私营中小企业，出现了中小企业高速发展的局面。中小企业的调整提高阶段（1995年至今），则是由于我国中小企业一般是从低技术劳动密集型和投资少的行业开始创业，同时也产生了以低价过度竞争的问题，导致企业利润低，整个工业技术水平的提升受到限制，也限制了参与国际市场竞争的能力。为了解决这些问题，许多地方政府把企业联合兼并，组成地方企业“航空母舰”，认为这是发展地方经济和提高企业市场竞争力的一条有效途径，因此，中小企业的发展进入了调整与提高阶段。

（二）乡镇中小企业占主导性

在改革开放以前，我国工业企业主要分布在城市，国有企业占主导地位。改革开放以后，乡镇企业飞速发展，打破了原来国有企业一统天下的局面，现在乡镇工业是我国中小企业最重要的组成部分，形成中国特色的中小企业分布结构。另外，乡镇企业在中小企业中占主导性，还体现在以下两个方面：一是乡镇中小企业数量占全国中小企业数量比例处于主导地位；二是乡镇中小企业增长速度快。

（三）中小企业所有制结构的多样化

我国中小企业的构成呈现多元化的特点，与其他国家有所不同，我国的中小企业并非以国有企业为主导。同时，与欧洲中小企业大多以家庭工业形式存在的模式也存在差异。我国的中小企业涵盖了多种所有制形式，形成了丰富多样的企业结构。其中既有国有企业，这些企业在国家的经济建设特别是在关键领域和基础设施建设中发挥着重要作用，也有集体企业，这些企业由集体所有，通常与当地经济紧密相关，为地方经济的发展作出了贡献。

私营企业也是我国中小企业的重要组成部分。这些企业由私人所有和经营，具有灵活的经营机制和敏锐的市场洞察力，是我国经济活力的重要源泉。同时，“三资企业”（中外合资、中外合作和外商独资）也在我国的中小企业中占据了一席之地，它们带来了国际先进的技术和管理经验，为我国经济的发展注入了新的活力。

(四) 粗放型数量扩张

我国中小企业的发展之路，是在资源相对短缺、经济环境受限的条件下逐步展开的。由于这些历史和环境因素的制约，这些企业在成长过程中不可避免地遇到了一系列问题。

首先，经济结构不合理是一个显著的问题。由于历史原因和制度限制，许多中小企业集中在传统产业和劳动密集型行业，而高科技、高附加值的新兴产业相对较少。这导致整个经济结构呈现较为单一、缺乏多元化的特点。

其次，产业层次低也是一个重要的问题。许多中小企业处于产业链的低端，缺乏核心技术和自主知识产权，难以在市场中形成竞争优势。同时，这也使得这些企业在面对外部竞争时，往往处于被动地位。

再次，企业布局雷同也是一个不容忽视的问题。由于地区间经济发展水平和资源禀赋的差异，许多中小企业在产业布局上具有相似性，导致资源重复配置和过度竞争。这不仅浪费了有限的资源，也降低了整个行业的效率。

又次，市场过度竞争也是一个需要关注的问题。在资源有限的情况下，中小企业为了争夺市场份额，往往采取价格战等恶性竞争手段，导致企业利润下降、行业秩序混乱。这种竞争模式不仅不利于企业的长期发展，也对整个经济环境造成了负面影响。

最后，资源利用效率低也是一个亟待解决的问题。由于技术和管理水平的限制，许多中小企业在资源利用方面存在浪费现象。这不仅增加了企业的成本，也加剧了资源的短缺问题。

第三节　大数据时代中小企业管理模式创新

一、大数据时代中小企业管理模式存在的问题

(一) 管理理念落后

虽然社会进入大数据时代，但对部分传统中小企业来讲，它们还处于原有的“理想王国”，依旧认为传统模式能够适应新市场、新环境，不愿意

转变观念。而事实是，大数据不仅对传统观念有巨大的冲击，同时对现代的管理理念也有很大冲击。如果说现代企业更容易及时调整，那么传统企业特别是中小企业调整起来就特别困难，在这样的大背景下，使得原本就没有竞争优势的中小企业更难在竞争中获取优势。

（二）管理模式单一

随着大数据时代的迅猛来临，其深远影响已渗透到社会的各个角落，不仅深刻改变了人们的生活方式，也彻底重塑了工作模式。然而，对于众多中小企业而言，其管理架构和运营模式仍停留在传统框架内，未能顺应大数据时代的浪潮进行实质性的变革，从而导致了这些企业在与社会的接轨过程中遭遇障碍。在这一背景下，新的挑战和问题逐渐浮现。对比之下，大型企业或科技型企业之所以能够迅速成长并占据市场优势，关键在于它们紧密贴合大数据时代的脉搏，有效规避了传统管理模式的局限。因此，当前中小企业面临的迫切任务是，如何基于大数据进行深刻的自我革新，以适应快速发展的市场环境，这已成为必须正视并解决的当务之急。

（三）大数据人才急缺

大数据管理刚兴起没几年，对此有前瞻性的企业并不是很多，在此方面积累人才的企业更是少之又少。虽然我国也在积极调整人才培养方向，积极培养大数据管理人才，但是需要时间。由于经济飞速发展，企业管理出现新模式、新形势，对大数据人才需求巨大。虽然大数据兴起较晚，但在国外已经有一定积累，我国也在积极借鉴国外的先进经验，以利于参与国际竞争，这个过程中存在一定的时间差，造成了人才缺口巨大，使得一些企业想在大数据时代利用大数据、分析大数据的可能显得非常有限。同时，由于传统中小企业未认识到大数据对传统管理模式带来的冲击，更主要的是培养大数据人才需要更大的成本投入，对于中小企业而言是一大笔支出，因此，中小企业存在消极的应对思想，更难以应对新时代的到来。

二、大数据在中小企业管理中的应用

(一) 改变企业管理模式

基于大数据背景，企业应改变原有的管理模式，特别是财务管理模式，利用大数据能够恰当分析财务环境所处的实际情况，并做出合理的分析和解读。基于大数据，企业能够及时了解优劣势，对企业的管理模式进行调整，从而实现企业的利益最大化，降低企业的风险。在利润增加以后，企业实力提升，抵御风险能力相应提升，进而更好地利用大数据，从而实现数据资产化、决策数据化与智能化。因此，更好地挖掘大数据的价值，可以提升抵御风险的能力，信息化建设投资回报率也就越来越大，主要体现在分析内部财务数据，分析外部售前数据、售中数据及售后数据等，形成完整的价值链，为企业管理决策智能化、科学化提供支撑。

(二) 营销模式数智化

在当今买方市场，质量固然重要，销售更加重要，如何合理利用营销渠道显得尤为重要，而营销渠道的掌控在于营销模式的改变。在大数据时代，企业的营销模式数据化、智能化为营销插上数据翅膀。大数据已经应用到社会各个方面，对企业来讲，其已经慢慢变为自己的资产，特别是对于大企业来讲，其积累了大量的数据资源，恰当地利用将会变成公司的一种数据资产，为营销决策提供有力支撑。

(三) 工作决策模式智能化

在传统企业管理中，决策更多的是经验决策、头脑风暴，即使一些企业引入数据决策也只停留在数据表面，并没有真正走到数据内部实现数据的可视化，充分挖掘数据的价值，更不用说对竞争对手的分析和对客户的分析。基于此，企业参与大数据的市场竞争必然被市场淘汰。在大数据背景下，“中小企业利用大数据，对中小企业的内外部环境，供应链的前后端等进行大数据分析，实现可视化，作出合理科学预测，使中小企业能够制定合理的发展战略，预测有可能存在的潜在风险，使得中小企业在未来竞争中处于有利地位”①。

三、大数据时代企业管理模式的创新策略

（一）顶层改变，转换新思路，做好协调统筹

大数据时代的到来，必将影响每一个领域，所有员工都要有这个意识，领导层更需要有这种观念，并且需要有行动，积极应对新时代的到来，积极思考如何应用大数据，发现、挖掘其应用价值。同时，专业人员也非常重要，企业需要积极引进大数据人才，积极挖掘大数据价值，这都需要大量资金的投入和相关信息系统的升级改造。只有领导层观念转变，企业上下端正态度，正确应用，积极融入，才有可能快速适应大数据时代，才能保证企业的可持续发展。

（二）积极构建信息管理系统

在大数据时代，企业的各项工作处处都有相关信息被互联网记录，每一项工作是否完整规范有效，大数据也有一定统计。如果被其他企业合理利用，而本企业未加以利用，本企业就会落伍。因此，为了更好地利用大数据，提高管理水平，创新管理模式，构建全新的信息管理系统框架显得十分必要。这就需要企业管理人员意识到信息管理的重要性，立刻着手构建信息管理系统，加大资金投入。运用专门人才，进行管理，做好后期优化管理工作，充分发挥大数据优势，挖掘大数据的价值，为企业的发展提供源源不断的动力。

（三）全员上下共同学习

中小企业全员上下一心的意识来自企业领导层，只有领导层重视、愿意用，也会用，才会让下面员工“效仿”，这样才能够推进信息化工作。对特别重要或者是特别困难的信息管理设备，应有专门的管理人员跟踪，首先保证管理层负责人要会用，其次要保证会培训，能够将技能传递给每一个员

① 刘艺，程军玲.大数据时代背景下中小企业管理模式的创新研究 [J].中国管理信息化，2024,27（1）：103-106.

工。最终实现全员上下都能够熟练掌握该技术。同时，在必要的情况下，为了保证企业的可持续发展，企业应积极引进优秀的专业人才，以显示企业的决心。更主要的是，可以快速地将先进设备和技术加以利用，提高效率。

（四）立足供应链建立网络模式

在大数据时代，企业不再是孤立的个体，而是紧密嵌入在供应链网络中的一环。因此，中小企业必须培养大数据意识和网络思维，以充分发掘大数据的潜在价值。为了更有效地利用大数据，中小企业应立足于供应链，根据自身的发展状况，构建内部网络，并在供应链环境中检验其效用是否达到最大化。为实现效用最大化，中小企业需要管理并挖掘供应链上游供应商、下游客户以及同级合作伙伴的相关信息，构建一个高效的信息网络库，并发挥其核心作用，推动企业的持续发展。中小企业在这一过程中，必须结合实际情况，权衡信息成本与企业发展规模、信息带来的价值等因素是否相称。在必要时，需调整发展战略，构建一套适合自身发展的独特管理模式，以确保企业能够持续稳健地成长。

第二章　大数据时代中小企业经济管理的范畴

第一节　中小企业财务管理创新

一、大数据时代对中小企业财务管理的影响

（一）增强企业财务信息数据的时效性

大数据时代给企业财务管理带来新的发展机遇，为适应新的技术条件下的新形势，现阶段的企业需要根据新要求而创新财务管理模式，为了提高财务管理的效率和数据准确性，要充分利用信息化、数字化的管理手段。根据时代的发展需求，一些企业开始转型，使原来传统的财务管理模式向信息化转型，新型财务管理模式提高了企业财务数据的利用率，激发出财务数据中潜在的商业价值。以往旧财务管理模式，主要工作内容是财务数据、信息的记录和计量，为企业在生产经营过程中的决策提供数据支持，但由于缺少信息化技术进行数据分析，财务信息数据有效利用率不高，不能及时、准确地分析财务数据信息，不能做出快速的反应，不利于企业创新发展。有效的财务数据信息的获取能为企业带来有价值的商业数据，使企业在竞争激烈的市场环境中避免商业风险，并能完成企业的自我创新，增强企业的产品竞争力。大数据时代，企业之间信息公开，可以借鉴其他企业先进的财务管理模式，实现企业自身创新发展，有效规避财务风险、商业风险，实现企业商业价值的最大化。

（二）促进财务管理人员角色转变

大数据是信息技术发展的必然产物，高效的数据处理和信息化技术在各行业领域中广泛应用。数据信息的处理技术为企业商业运营方式带来了创新，丰富的数据信息及高速的数据处理，能够为各个行业带来新的改变及

机遇。大数据时代，为满足新技术条件下的要求，各企业均选择转变传统的财务管理模式及重新定位财务岗位的职能，以达到促进企业转型的目的。信息化背景下，财务数据以海量的方式存在，财务管理的实际需求增加，传统财务岗位的功能设置无法满足这一需求，利用信息化技术及工作流程进行财务报表编制和财务数据信息处理，使手工纸质版转化为网络数据库版，财务管理人员也逐渐向管理职能转变。企业引入现代化信息技术管理系统，有效分析财务数据信息，可以为企业发展决策提供有效的数据支持。企业充分利用财务管理网络平台，对财务数据和信息进行有效分析，以利于企业及时应对市场发展变化，随时对企业市场发展做出预测，并为企业可持续发展提供帮助。

二、大数据时代背景下中小企业财务管理中存在的问题

（一）企业财务管理理念落后

在大数据的时代背景下，数据信息化对企业财务管理产生了深远的影响，其中最为显著的一个方面就是财务数据处理范围的扩大。然而，当前许多企业面临的首要问题是财务管理理念的滞后，这导致大部分财务人员难以迅速适应信息化变革，仍固守传统的财务管理权限和职责。与此同时，大数据时代对非财务信息的重视程度日益提高，但许多企业在财务管理模式的创新上显得力不从心，财务人员的知识结构和素质水平未能与信息化要求同步提升，从而使得企业财务管理缺乏科学性和前瞻性。这些问题的显现，反映了财务管理工作理念的滞后性已成为制约企业创新发展的重要障碍。传统的财务管理制度已无法满足大数据时代下的企业转型需求，亟待通过改革和创新来适应新的市场环境和技术要求。

（二）财务管理方法水平不高

大数据时代背景下，企业财务管理作为企业管理工作的独立部分，一些先进的技术也被运用到企业财务管理中，新思想及新技术在企业自身发展中已经产生很大的影响，但企业的财务管理水平仍旧较低，无法使财务管理创新需求得到较好满足。一些企业仍然选择传统财务管理模式，无法实现大

数据技术下的财务分析应用，使企业在发展过程中不能有效规避经营风险。另外，一些企业将大部分精力和资源投入到产品生产创新上，不重视企业财务管理，这也使得企业忽视了财务管理方法的创新和有效应用。

（三）专业技术人才缺乏

在大数据时代背景下，复合型人才有利于财务信息化的推进，大部分企业财务管理人员素质及能力不高，管理水平低下，管理理念及方法不符合时代发展需求，财务管理工作得不到有效开展。财务信息化要求财务人员不仅精通财务管理的相关知识，还需要掌握计算机相关知识，即使企业实施了财务信息化，由于缺乏复合型人才，也不利于财务信息化的发展。企业的管理层缺乏财务相关知识素养及财务管理素养，缺乏财务相关理论知识，这对企业财务信息化的推进造成了影响。企业财务信息化推进过程中，由于复合型专业人才的缺乏，不利于对其实施效果进行评估，容易出现风险控制方面的问题，使其实施效果大打折扣，无法达到预期效果。

三、大数据时代背景下企业财务管理创新策略

（一）树立大数据创新财务管理理念

在大数据时代背景下，需要企业充分应用财务数据管理创新模式及分析技术，为保障应用效果，财务管理理念必须进行创新，以适应大数据时代需求。首先，要树立大数据时代财务管理理念，加强财务数据信息的整合，提升财务管理工作质量，利用信息化技术简化财务管理工作流程，为企业发展提供更有效的数据支撑，进而加大信息化处理技术在财务管理工作中的应用，有效提升企业的市场价值。其次，企业财务管理人员也需要转变思维，提升财务管理理念，不断学习先进的经验，重视自身管理理念创新，树立大数据管理理念，掌握财务数据处理的现代化技术能力，使得财务数据信息处理工作更加科学化，在财务管理工作各个环节充分利用信息化技术。开展财务管理人员培训，提高大数据应用方面的知识技能，建立财务管理新模式，使企业发展更能适应大数据时代的要求。为实现财务数据的共享，企业可以通过建立网络管理平台，企业财务管理人员亦可借助此平台进行工作交流。

（二）运用现代化财务管理方法及模式

在大数据时代背景下，现代化财务管理方法及模式可以有效提升财务管理水平及管理效能，财务管理人员积极掌握新的财务管理模式及方法，使财务管理更好满足实际工作需求，进而避免企业财务风险的发生。在财务管理工作中充分利用信息现代化的企业，从数据的收集、存储、分析和应用等环节均有提升，这也使得财务管理数据更具有科学性和准确性。“为保证信息化技术的有效利用，需建立健全企业财务基础设施，以利于预防及解决企业实际经营过程中出现的财务问题。利用信息化技术对所有的财务数据进行统一标准分类，可以实现财务管理及时的数据应用提取。”[①] 企业在进行财务管理时，要充分利用新信息技术，以实现财务管理工作的大突破，并通过科学管理进行公司战略定位。在大数据时代背景下，企业要努力适应时代创新潮流，开拓性地结合创新模式，促进财务管理工作的便捷高效，最大限度地提高企业的核心竞争力。

（三）加强大数据技术人才队伍的建设工作

在大数据时代背景下，企业创新的财务管理工作已转向对财务数据信息的深入分析，而不再局限于简单的数据核算。因此，财务工作的职能也经历了从核算到管理的转变，旨在为企业的决策提供有力支撑。随着这一变革，单纯拥有财务知识的财务人员已难以满足大数据时代下财务管理工作的需求。为满足这一需求，企业需加强复合型人才队伍的建设，积极吸纳具备大数据技术的专业人才，并培养拥有财务管理专业知识、数据分析技能、信息化处理技术等知识的复合型人才。这将有助于提升企业的财务管理工作水平，确保财务团队能够更好地适应大数据背景下的挑战。企业财务管理人员也应不断提升自身的专业知识和技能，定期参加相关培训，熟练掌握信息化手段，并在理论知识不断积累的过程中，努力提升自己的信息化素养。

在大数据时代背景下，企业可以根据本企业实际运营情况，建立大数据信息化技术的财务管理平台，有针对性地引进经验丰富的专业人才队伍，

① 葛颖霞.大数据背景下中小企业财务管理创新研究 [J].营销界，2022(24)：81-83

加强财务管理工作的全面管理。复合型人才对于企业发展至关重要，企业要加大人力资源团队的建设，不断提升自身人才队伍的建设水平，企业只有真正实现资源的优化配置，才能更好地提升企业自身竞争力，才能保证企业各项工作的顺利开展。

第二节　中小企业市场营销变革

一、大数据时代企业市场营销作用

在分析以及传递信息的过程中适当地应用大数据技术，能够在一定程度上节省企业工作人员的时间。因此，在大数据时代积极开展与市场营销相关的工作具有较多优势，这些优势主要体现在以下几点。

（一）扩大企业市场营销范围

过去，开展与企业市场营销相关的工作时，为了更好地引起人们的注意，降价、促销是大部分企业较常用到的方式。尽管这类方式有一定的积极作用，但还是有较大的局限性，长此以往，无法帮助企业实现持续健康发展。而大数据技术的出现打破了这种局面，能够结合线上线下销售渠道扩大企业市场的营销范围。为提升销量带来更多的可能，从线下商店这一层面来看，在开展与市场营销相关的工作时，企业可以适当地将线上销售与线下销售相结合，使消费者足不出户就可以购买到其心仪的产品。不过，在线上购买的过程中，难免会有部分消费者对产品的质量产生怀疑。与此同时，线上购买也难以满足部分需要在第一时间获得产品的消费者的需求。这个时候，企业应当先充分了解与掌握线下购买在这当中的重要性以及其所能带来的积极作用，努力树立良好的信誉及形象，增强消费者对企业产品的信心，再以此为基础开展线上购买，有效提升市场竞争力和产品销售量，以增强企业的综合实力。

（二）支付和交易手段多样化

过去，消费者在购买商品时主要依赖于银行卡或现金作为支付手段，这不仅在一定程度上限制了消费者的购买力，还给他们的日常出行带来了诸多不便。然而，随着科技的进步，线上支付已成为解决这些问题的有效途径。消费者只需通过手机下载如支付宝、微信等支付软件，即可轻松完成商品的购买。以白领阶层为例，他们虽然拥有较强的购买力，但由于工作忙碌，常常难以抽出时间前往商场选购商品。淘宝等线上购物平台的出现，让白领们能够在工作之余，通过浏览手机平台选购所需商品，这极大地提升了购物的便捷性。在商品质量方面，淘宝等电商平台通过实施七天无理由退换等政策，有效保障了消费者的权益，进一步增强了消费者的购物信心。此外，有些支付软件还为那些暂时缺乏现金流但具备还款能力的消费者提供了便利，满足了他们的购物需求。

总的来说，在大数据技术的支持下，消费者的支付和交易手段变得更加多样化，不再局限于传统的现金或银行卡支付。这种变化不仅提升了消费者的购物体验，也推动了电子商务行业的快速发展。

(三) 企业市场营销日趋国际化

不难发现，大数据技术在一定程度上促进了国际以及国内的沟通与交流。在进行产品境外销售以及国内外货物流通时，互联网可以帮助企业整合一系列的信息及数据，从而在一定程度上降低企业的工作压力和工作难度。通过浏览各种网站，消费者也能够更加了解国外的品牌。在此背景下，为了更好地满足消费者的需求，新的职业也开始慢慢出现，如代购和海淘。所以，若想推动国内国际双循环发展的实现，使市场营销更趋国际化，企业需要积极拥抱大数据技术。

二、大数据时代企业市场营销面临的问题

在开展与企业市场营销相关的工作时，尽管大数据技术能够起到一定的作用，但也带来了一些风险和问题。倘若企业想要实现自身的持续健康发展，应当提高对这些风险和问题的重视程度。

(一) 企业尚未树立较强的市场营销意识

在开展与生产经营相关的工作时，部分企业尚未树立较强的市场营销

意识，一味地将注意力放在产品的质量上，进而在一定程度上忽略了产品的营销模式。在这种情况下，产品的销售会受到较大的影响，虽然产品质量较高但没有人知道、没有人购买，最终导致企业的市场竞争力下降。

（二）没做好充分的市场调研

在大数据时代背景下，为了在市场中占据更多的份额、不断增强综合实力，企业需要提高对消费者购买偏好的重视度，在分析各类数据的时候，学会结合市场状况和市场需求，有较强针对性、合理且科学地对大数据技术加以应用。然而，仍有许多企业不懂得利用大数据技术改善市场调研，导致市场调研不够充分，最终调研结果的可信程度较低。

（三）大数据的技术匮乏

整理以及收集信息为大数据时代的重要内容。不过，不同于发达国家，在整理以及收集信息的时候，我国大部分企业的工作效果较差，欠缺具有较强合理性和科学性的数据分析模式。

（四）市场营销理念落后

大数据技术还在一定程度上提升了消费者需求的多样性。但是，在开展与市场营销相关的工作时，还有部分企业没有意识到这一点，不懂得利用大数据对消费者消费观念的影响展开深入且全面的分析与思考，市场营销理念较为落后。

（五）市场恶性竞争严重

在大数据的浪潮中，企业所处的市场竞争环境越发严峻。消费者如今能在家中轻松对比不同企业的同类商品，挑选出性价比最优的选项。为了在这场竞争中脱颖而出，吸引消费者的眼球，一些企业不得不采取极端手段，比如不合理地降低商品价格，试图增加市场份额和提升销量。然而，这种做法不仅可能损害企业自身的经济效益，更加剧了市场中的恶性竞争，对整个行业的健康发展构成威胁。

三、大数据时代企业市场营销应对的策略

在市场竞争中，为了立于不败之地，实现持续健康发展，企业需要学会与时俱进，紧紧跟随时代发展的步伐，充分了解与掌握大数据技术在这当中的重要性以及其所能够带来的积极作用，认真细致地对自身生产经营当中所出现的问题展开分析，积极采取相关策略改善市场营销，为市场营销质量提供良好的保障。

（一）开展大数据营销

在开展与市场营销相关的工作时，企业同样需要对大数据营销的作用加以了解。与此同时，为了进一步改善实际的工作效果，企业还应当招聘某些专业水平较高以及职业能力较强的人才进入企业，帮助企业整理、分析所有的消费数据，使企业能够准确地把握市场消费的动向。

积极开展大数据营销还能够帮助企业分析国内市场未来的发展动向，让企业在销售时能够更加轻松地对客户展开回访，在更好地满足客户的需求增强客户体验感及满足感的同时，调整原先的市场营销方案，进一步提高市场营销工作的质量。

（二）构建数据平台

倘若想要使自身所拥有的数据信息更具竞争力，企业还需要“学会站在综合的角度上对各项影响因素展开深入且全面的分析，再以此为基础，结合实际的状况以及需求，积极推动具有较强针对性、合理性以及科学性的数据平台的建立与完善”[①]。在这个过程中，企业需要对下面几点内容加以关注。第一，在建立数据平台的过程中，企业不应当大肆宣传，而应当做好保密工作，使企业的市场营销工作能够在数据平台的支撑下得到一定的优化与改善。第二，在建立数据平台的过程中，企业不能盲目地进行操作，而需要由具有较强专业水平以及职业能力的人才来负责这项工作。为了避免出现信息泄露的情况，企业还应当在规定期限内对平台技术进行保密加固。第三，同类产品分析结果、客户行为分析结果以及相关的调查问卷等内容，都需要被

① 马明茜.大数据时代中小企业的市场营销分析 [J].营销界，2022(18)：14-16.

包含在数据库当中。

(三) 利用社会化媒体变革营销工具

在策划市场营销活动时，为了拓宽产品销售的多元化渠道并有效提升销量，企业应深刻认识到社会化媒体变革营销工具的重要价值和积极作用，并充分利用这些工具来推广产品。首先，企业需精准把握自身产品的独特特征与优势，并基于此来明确目标消费者群体。其次，企业应开展深入且全面的市场调研，了解消费者对产品的关注点和需求，从而有针对性地调整营销策略，以期实现更高的经济效益。最后，企业可以积极与带货主播等网红合作，通过他们的影响力拓宽销售渠道，并进一步提升产品的知名度和市场占有率。

(四) 融合新兴媒体发展网络营销

在开展与市场营销相关的工作时，为了进一步改善实际的营销效果，做出更具针对性、科学性及合理性的营销策略分析，企业还应当学会结合实际的营销状况以及营销需求，紧紧把握行业发展的最新动向，融合新兴媒体发展网络营销。不难发现，哔哩哔哩、快手、抖音、小红书、知乎及微博都是目前新兴媒体的主要表现形式。在某些浏览量较大的网站当中，测评产品并且进行推广还是部分自媒体用户走红的主要途径。因此，企业可以充分发挥这些新兴媒体所能够带来的积极作用，同时适当地与各类带货主播展开合作，并且加快推动相关客户互动平台的建立与完善，以期更好地与客户展开交流，倾听客户的心声，增强客户的满足感及体验感，如建立微信群聊等。

(五) 变革以数据机构为核心的营销组织结构

在开展与市场营销相关的工作时，企业还需要结合相应的营销状况及营销需求，对以数据机构为核心的营销组织结构展开具有较强针对性、合理性及科学性的变革。通常情况下，利用这一机构，企业能够较为轻松地挖掘出一系列的营销数据，从而减轻后期工作负担。

第三节　中小企业人力资源管理优化

一、大数据对中小企业人力资源管理的价值

（一）基于大数据的资源整合能力

“运用大数据技术可以帮助中小企业快速整理、分析、反馈人力资源基本数据整合搭建资源共享平台，进而提高工作效率和准确性。”[①] 事实上，大数据技术的确可以将海量的碎片化数据信息进行采集和整合，并形成数据库以方便人力资源部门进行全面、量化管理。除此之外，大数据还有助于优化中小企业人力资源管理系统，如将人力资源管理的六大模块（人力资源规划、招聘与配置、培训与开发、绩效管理、薪酬福利管理、劳动关系管理）整合成一个高效有序的整体模块，在提高人力资源部门工作效率的同时，为管理者决策也提供更多数据依据。

（二）基于大数据的预测分析能力

通过对海量数据的整合与深入分析预测，中小企业能够确保决策的预见性和可行性。具体而言，构建数据模型能够帮助企业明确战略目标和人力资源规划，进而精准预测和规划企业的未来发展方向。利用数据分析，企业可以精准匹配与岗位需求相契合的优秀人才，从而优化人力资源配置。同时，制定基于数据的薪酬绩效考核制度，能够确保公平公正，提高员工满意度和积极性。数据分析还能帮助企业全面识别员工的能力水平、绩效差距等关键信息，从而综合评判优秀人才的素质能力，甚至发掘员工的潜在能力。

二、中小企业人力资源管理面临的主要问题

（一）管理观念陈旧，规划性不强

人力资源规划不仅是中小企业的战略决策，同时也是其制定人力资源

① 周小刚，陈水琳，李丽清. 大数据能力、技术创新与人力资源服务企业竞争力关系研究 [J]. 管理评论，2021(7)：81-91.

决策的基础。目前，不少中小企业管理者仍然停留在短期僵化、标准模糊的传统管理观念上，以致数据资料分散、信息传达失真或延误、企业战略缺乏创新性、企业文化缺乏人性化等问题时有发生，严重制约了中小企业的长远发展。

（二）招聘效果不理想，精准度不高

通常，中小企业的招聘流程是网上发布招聘信息、筛选简历、笔试和面试、确定招聘名单。但在简历筛选环节，招聘人员可能会因认知偏差而对应聘者产生刻板印象，无法全面客观地评估其能力水平，最终导致人岗不匹配或者错失优秀人才。

（三）绩效考核标准单一，量化不足

中小企业绩效考核通常以领导评价为主，考核结果受主观判断影响较大。由于缺乏全面、科学的量化考核指标，考核过程难免存在有失公允的问题。这种考核方式不仅无法发挥绩效考核的激励作用，还会降低员工的信任度、满意度。另外，大多数中小企业在绩效考核之后并未设置员工反馈渠道，进而导致员工无法表达自己的真实诉求。

（四）员工培训不到位，复合型人才缺乏

首先，中小企业在员工培训方式上存在流于形式、固定单一的弊端，同时培训任务常与员工实际情况不匹配；其次，中小企业在培训结束后，普遍缺乏跟踪反馈措施，缺少对培训效果、员工培训成绩、员工培训心得等信息的录入存档，因而无法为后续培训提供经验；最后，员工培训内容缺乏挖掘和开发员工潜力的措施，这也是中小企业缺少高素质复合型人才的主要原因。

三、基于大数据的中小企业人力资源管理创新措施

（一）培养大数据思维，构建人力资源管理平台

在大数据时代，中小企业管理者应当敏锐地把握时代脉搏，充分利用大数据技术来深化对人力资源管理的洞察。为此，管理者可以构建一个人力

资源管理平台，这个平台能够集中收集、分析和处理员工信息、应聘人员基本信息、员工离职情况等关键人力资源数据。通过这一平台，管理者能够全面了解员工的能力水平、人员流动等情况，为企业战略目标和人力资源规划的制定提供坚实、合理的数据支撑。

这样的做法在多个方面都具有显著优势。首先，它有助于中小企业构建一套完善、科学的人力资源管理模式，以确保人力资源规划与企业的战略目标紧密衔接，形成强大的协同效应。其次，借助平台的数据分析结果，管理者能够摒弃过度依赖经验和直觉的传统决策方式，转而依靠客观、精准的数据来制定策略，从而提升自身的管理水平。

对于员工而言，这个平台同样具有重要意义。它能够使员工更加清晰地了解自己的职能要求，加强部门间的沟通协作，提高工作效率。同时，通过数据反馈，员工也能够更加准确地了解自己的工作表现、提高满意度和归属感，为企业创造更大的价值。

(二) 完善招聘流程，科学甄选人才

员工招聘是帮助中小企业吸引和甄选优秀人才的关键。首先，中小企业应做好招聘前期的准备工作，如在明确人力资源规划的基础上，结合岗位说明书制订招聘计划。为确保招聘计划的科学性，中小企业可以依托人力资源管理平台分析岗位胜任力模型，并获取高绩效人才特征要素，以优化原有的岗位说明书。其次，中小企业应重视招聘中期的招募与选拔工作。中小企业可通过互联网第三方招聘网站或软件等多个渠道来发布招聘信息，并给予求职者及时回复，在保证招聘数据时效性的同时，吸引更多优秀人才应聘。在选拔过程中，“中小企业可以借助大数据技术绘制人才画像，引进大数据人才测评工具以更精准地识别优秀人才，达到人岗匹配的目的”①。针对未录用人员和试用期离职人员，中小企业也可以建立对应的人才数据库，以便为后续的招聘工作提供便利和参考。最后，在招聘后期的录用与评估工作中中小企业必须注重招聘效果评估。为此，中小企业可在人力资源管理平台中增设评估板块从招聘数量、质量、时间、成本、用人部门满意度等多个维度进

① 陈颖. 基于大数据的中小企业人力资源管理创新研究 [J]. 华东科技，2023 (1)：93–95.

行综合评估，从而提高后续招聘工作质量。

（三）创新绩效管理，激发员工积极性

为改善绩效管理效果，提高考核的公平性与科学性，真正发挥其对员工的激励和约束作用，中小企业可借助大数据优化绩效管理模块。为此，相关管理者可从人员基础数据、基于资源质量的分析数据以及基于资源变动的动态数据这三个维度来设置考核权重。其中，人员基础数据包含员工性别、年龄、爱好等基本信息；分析数据包含员工出勤率、员工满意度等可以通过分析和规范管理获取的信息；动态数据包含员工招聘完成率、流失率和调动情况等能够反映员工流失情况的信息。此外，中小企业还可在信息平台中增添绩效反馈板块，为员工提供表达利益诉求的渠道，真正做到公开、公平、公正、透明的绩效管理。

（四）加强员工个性化培训，培养复合型人才

中小企业除了要注重引进优秀人才外，还应重视内部员工的培训工作，重视人才梯队建设以及复合型人才的培养。具体操作时，管理者可为不同岗位员工制订个性化培训方案，为其分配不同任务，并及时对培训结果进行反馈评价。如此一来，员工可以在课余时间按需学习，在提高个人综合能力的同时，还能为企业降低培训成本。需要注意的是，大数据在给中小企业带来便利的同时，也存在一定的数据泄露风险。因此，中小企业要特别注重加强在职管理人员信息技术的培训，以保证数据应用的安全性。

第四节　中小企业内控风险防范和应对

一、大数据环境下中小企业面临的内控风险

（一）大数据环境对中小企业的冲击

1. 加剧了中小企业的信息不对称

在大数据时代，虽然理论上信息丰富，但对于中小企业而言，并不意味

着它们能够轻易利用这些信息来支撑商业谈判或发现新市场。原因在于，绝大多数非大数据产业的中小企业缺乏利用大数据获取商业信息的能力，更难以自主进行深度数据分析以获取准确的市场预测。当中小企业与大公司进行商业谈判时，由于缺乏相关信息，常常面临信息不对称的困境，这可能导致它们在谈判中失去优势。即便中小企业选择向专业的数据分析企业购买商业服务，高昂的交易成本也可能成为它们的一大负担。考虑到潜在的谈判失败风险以及可能带来的沉没成本，许多决策者可能会选择避免这一投入，转而采取降低价格等策略来争取订单。这些现实考量使得大公司在商业谈判中往往能够凭借信息优势占据更有利的地位。

2. 数字化的成本上升

目前各个行业都很难脱离互联网、脱离数字化，但中小企业缺乏能力对收集、积淀的数据进行有效分析。目前中国中小企业的销售方式、付款方式、管理方式很大程度上实现了数字化，可以通过微信小程序、电商平台进行销售，在企业平台上注册会员等收集用户信息的方式是常见的手段，但很少有中小企业能够有效地对用户进行科学管理，对区域消费习惯变化进行分析，仅仅是简单地把这些程序当成是用户管理的一种模式，是随大溜、迎合市场的方式。所以，在付出了数字化代价后取得的利润却不尽如人意。①

3. 市场的差异化竞争加剧

大数据在商业上最明显的应用就是精准的商业推送，是精准满足消费者个人偏好，形成消费者的“信息茧房”，原先对于消费者的区分可能要进行长时间的问卷调查，对市场上某一商品的销售情况进行深度了解，但是在大数据时代，通过大数据公司都能够轻松了解，大数据公司凭借其各大平台的交易记录、浏览记录等，能够进行消费者群像描绘，最终进行市场的差异化细分。原先中小企业受限于自己的资源，可以采用差异化战略，现在在大数据分析下，没有了足够的先发优势。

4. 降低了中小企业的创新能力

在大数据时代到来之前，中小企业能够凭借其创新获得足够的资金成长，但是在大数据环境下，中小企业在发展到具有竞争力的规模之前，就暴

① 曾培庆. 大数据环境下中小企业的内控风险防范和应对策略 [J]. 老字号品牌营销，2023(9)：64-66.

露在虎视眈眈的大企业之间，大企业能够凭借其技术、资金、平台优势，收购、仿制中小企业的核心技术，通过舆论、限流等商业竞争手段，把中小企业挤压到失去生存能力，在这种情况下，中小企业的所有者、核心技术的掌握者，也更愿意将自己的企业与技术售卖给大企业，在满足物质需求后，创造者很难再保持创新能力。

（二）中小企业内控制度缺陷无法应对大数据环境的风险

1. 业务流程导向的风险判断，无法应对大数据环境

传统的内控制度，无法应对多变的大数据环境。在传统的内部控制制度中，企业以业务流程为核心，通过分析企业经营中涉及的业务，将整个企业的经营划分为若干个任务节点，对每个任务节点设置一个或多个阈值从而保证企业在经营过程中风险可控。但在大数据环境下，数据具有流动性、时效性、巨量性，由于企业面对内外部环境的变化，企业承受的风险也会发生相应的改变，容易导致阈值无法正确地衡量业务现行面对的风险。高估风险，则会浪费资源，低估风险，则会面临损失的可能性。

2. 信息孤岛问题

中小企业如果无法解决自身的信息沟通问题，就无法融入大数据环境，参与市场竞争。大数据环境本身就是打破信息隔阂，实现各种信息的交融，从内外部环境中调取大量信息进行沉淀，分析、预测或提出解决的方案，中小企业需要建立自己的信息交换系统，通过整合财务、销售、库存等数据，及时反馈企业的运营状况，再让外部信息与内部信息交互，这样能够提高企业的运营效率，以保证对市场的灵敏性。

3. 主观判断对企业风险的影响

我国的中小企业通常呈现两种状态：一是家族制企业；二是由创建者直接领导公司的发展。这两种状态代表着经营权和所有权没有相互分离，往往董事长兼任总经理，权力集中在领导者手中，这些领导者有着极高的威望，所以公司的最终经营决策方案是贯彻领导的意思。在大数据环境下，风险是多变、动态的，领导层的主观意见是基于个人经验和知识积累的表示，无法对新鲜的事物做出正确的理解，所以缺乏分析的主观判断在面对大数据环境时会加剧企业的经营风险。

二、中小企业构建大数据内控的建议

(一) 构建符合大数据时代的企业文化

企业的内控环境是内控制度得以有效执行的基础，中小企业在大数据时代下，亟须构建与之相适应的内控环境。首先，企业文化应倡导积极创新、自我学习的氛围。鉴于中小企业高级人才紧缺，尤其是数据分析领域的人才匮乏，鼓励员工自我学习、构建大数据学习导向的激励机制成为关键。这样不仅能激发员工的自主性和创新精神，还能使中小企业逐渐具备基础的大数据分析能力。同时，通过引进或培养大数据人才，企业能够加速向大数据时代转型。

在构建内控环境的过程中，数据安全理念不可或缺。企业需要向员工传达数据安全的重要性，培养员工的商业伦理道德。数据泄露事件往往源于内部人员为谋取个人利益而盗用公司储存的客户信息，并向外部机构出售。因此，除了强调数据安全，企业还需培养员工对数据安全的敏感性，让他们明白自己的行为是否可能对公司数据安全造成影响。数据安全不仅关乎客户隐私，一旦泄露还可能对企业形象造成负面影响，甚至使企业面临赔偿责任。

(二) 调整企业组织架构，重视 IT 技术

IT 技术部门是企业进行大数据管理的参与部门，中小企业需要调整自己的组织架构，将技术部门的重要性放在前列，可以由企业领导者垂直进行管理，协助技术部门迅速消除各个部门之间的信息沟通障碍，由于技术部门奋战在“一线”，需要及时进行技术处理，因此需要对技术部门授予一定的权力，以便其能及时把控企业信息系统的风险。

同时也要加强和外部安全人员的合作。中小企业可以借助政府、大企业的力量，帮助企业进行系统测试和专业技术人员的培训，特别是在企业的数据安全受到威胁的时候，本企业人员无法及时处理，能够得到来自外部安全人员的援助，才不至于出现数据安全事故。

（三）寻找大数据合作伙伴或者建立大数据联盟

大数据时代每一个企业都无法独善其身，加之中小企业的规模、实力受到限制，企业要树立合作共赢的思想理念，与自己的商业伙伴构建大数据联盟。大数据是一个耗费资金的项目，中小企业普遍不可能完整地参与大数据产业，但是可以通过商业联盟、合资企业的形式，构建大数据企业，协助本企业应对大数据环境下的挑战。也可以寻求靠谱的合作伙伴，直接将企业的大数据建设外包，本企业提供基础数据、进行数据共享，而大数据企业则进行数据整合与分析，双方相互扶持。

第三章　大数据时代“专精特新”中小企业的培育与发展

第一节　“专精特新”企业及其发展特点

一、“专精特新”企业的概念

“专精特新”企业的概念于2011年7月在全国中小企业信息化推进工作会议上被首次提出，指的是具备专业化、精细化、特色化、新颖化特征的中小企业。工业和信息化部发布的《“十二五”中小企业成长规划》进一步阐述了“专精特新”发展方向的内涵：“支持中小企业专业化发展，提高生产工艺、产品和服务、市场专业化水平，成为产业链中某个环节的强者；支持中小企业精细化发展，建立精细高效的管理制度和流程开展精细管理，生产精良的产品，提供精致服务；支持中小企业特色化发展，大力发展地方特色产业，从满足不同层次、不同消费群体的需求出发，在‘特’字上做文章，做到人无我有、人有我特，形成自己的特色产品、特色服务等；支持中小企业新颖化发展，通过技术创新、工艺创新、功能创新，实现产品和服务创新，以‘新’取胜，提高核心竞争力。”为加强对“专精特新”中小企业的培育和支持，各级政府不断出台支持中小企业“专精特新”发展的政策和意见，中小企业的整体素质和核心竞争力不断提高。

二、“专精特新”企业发展的必要性

（一）高质量发展的动力源

对于“专精特新”企业而言，在中国经济发展当中将会尤为重要。新时代，贯彻新发展理念、推动中国企业高质量发展的重要内容，就是大力发展“专精特新”企业。而长期以来，我国中小企业也都会更加注重规模的拓展

与提高。尽管在相当时期内推动了中国经济的蓬勃发展，不过在粗放式的经济发展模式之下，存在着国际竞争力不强以及抗风险能力差的问题。对“专精特新”企业来说，会更加注重创新，并对细分的市场领域加以聚焦，同时也更为注重专业化程度。通过实现生产分工和利益分层，获取产业领域中的优势，从而提高市场竞争力。

在供给侧结构性改革的大背景下，“专精特新”企业展现出了强劲的发展能力，它们不仅位居产业链的核心位置，还具备引领经济结构和未来产业布局变革的能力，成为我国经济增长的重要引擎。首先，“专精特新”企业在各自细分行业中拥有显著优势，展现出强劲的成长性。这种成长性不仅为行业生态的塑造提供了重要基础，更通过其巨大的潜力促进了自身的优质发展。其次，“专精特新”企业发挥了显著的榜样作用。它们为其他产业提供了可借鉴的发展模式，推动了技术转化和产业引领，为整个产业的高质量发展注入了新动能。最后，“专精特新”企业常常位于产业链和供应链的关键节点，它们对畅通大循环系统起到了至关重要的作用。通过优化整体系统，“专精特新”企业助力社会资源的合理分配，促进了经济的健康发展。

（二）新发展格局的稳定器

对新发展格局来说，要想保证更加稳定，关键仍然依靠我国经济的增长能力和稳定性。而在当前的全球市场竞争中，最重要的问题根源是产业链、供应链和创业链条结构中的问题。现阶段，中国公司将陷入全球技术创新链条系统总体水平落后的状态。但中国“专精特新”企业将会越来越关注细分市场，具备了较强的抗风险实力，从而形成了新发展格局的稳定器。一直以来，中国企业都比较重视规模及速度。而“专精特新”公司会比较重视价值链的细节以及专业化水平，以便在细分领域当中保持领先地位。在补短板的进程中，“专精特新”产业的高质量发展能够对中国相关行业的短板加以补足。而且，“专精特新”公司也会围绕着重点产业链的关键环节，以开展科技攻关和拓展领域，以实现产业链和供应链实力的有效提升，并有效地对相关困难问题加以化解，是中国现代化工业体系的重要支撑，也是我国经济韧性的基础，更是实体经济的根基。“专精特新”企业也有能力在细分领域当中占据领先地位。在国际竞争当中，可以成为具有全球竞争力的跨国企业。对企业来说，是经济生态健康稳定的技术保障，而“专精特新”企业的梯次格局形成了更加多样化的经济生态，为新发展格局奠定了更加坚实的基础。

（三）创新型国家的生力军

创新是“专精特新”公司蓬勃发展的核心动力，它们作为技术自立自强的中坚力量，正迎接着数字化和智能化浪潮带来的变革。随着时代的演进，这些公司将经历一场解构与重建的过程，无论是公司本身还是其产品，都将展现出新的面貌。一些“专精特新”公司凭借其专注和单一化的业务模式，在创新上展现出敏捷性和对社会经济发展的适应性。通过对产业发展经验的深入研究，我们发现这些公司在创新技术开发方面具备显著优势。它们不仅注重科技成果的转化和应用，还因其灵活的企业利益机制，吸引了科研院所的积极合作。“专精特新”创新公司更是企业界的佼佼者，他们在行业领域和科技应用上均处于世界领先地位。这些公司拥有强大的自主创新能力和技术成果转移的需求，并将成为我国建设创新型国家的重要力量。

三、“专精特新”企业的发展特点

（一）政策体系逐渐完善，“专精特新”企业发展路径日益清晰

当前，关于“专精特新”企业的政策体系逐渐完善、更趋系统，中小企业已经形成了明显梯次，即从一般中小企业到“专精特新”培育企业、各级政府认定的“专精特新”企业，再到“专精特新”“小巨人”企业。

一是在经济发展方式加快转变的背景下，强调“专精特新”发展方向。我国经济发展开始呈现新的阶段性特征，科技进步和创新成为加快转变经济发展方式的重要支撑。从“专精特新”概念提出到推动中小企业向“专精特新”发展，支持“专精特新”企业的政策逐渐密集，主要是为中小企业“专精特新”发展提供方向指引。

二是在全球产业格局发生调整的背景下，加快发展“专精特新”企业。在全球经济增长放缓等背景下，全球产业竞争格局发生重大调整，关键核心技术“卡脖子”问题亟待解决。近两年，支持“专精特新”企业发展的政策

力度进一步加大，政策出台力度提升，涉及领域不断扩大。通过完善培育体系、加强财政措施引导，深化“新三板”改革、设立北京证券交易所等措施，逐渐形成更为系统、全面的“专精特新”企业政策支持体系。

（二）“专精特新”企业集中在高端制造等“硬科技”领域，成为产业链供应链的有力支撑

从细分行业看，“专精特新”企业主要集中于高端装备制造、新材料、新一代信息技术等高端制造领域，在强链补链方面发挥了重要作用，成为产业链供应链的有力支撑，对应产业包括半导体、新能源、信息技术等。

（三）“专精特新”企业具有发展空间大盈利能力强及研发投入高等特点

“专精特新”企业均为国家重点鼓励发展的重要制造业行业，且细分市场占有率在全国排名靠前，具有发展空间大、盈利能力强、研发投入高等特征。一是发展空间大。“专精特新”重在支持“硬科技、重创新”的中小企业发展，因此入选企业本身具有“小而美”的特征。“专精特新”企业市值规模整体偏小，但总体来看具备较大的成长空间。二是盈利能力强。“专精特新”企业之所以盈利能力强，关键在于其独特的专业化经营策略、持续的技术创新、严格的产品质量控制、精准的市场定位以及高效的管理体系。这使得它们能够在激烈的市场竞争中保持领先地位，从而实现较高的利润水平。

第二节　“专精特新”中小企业标准体系的构建

一、构建原则和方法

（一）构建原则

《标准体系构建原则和要求》规定了标准体系的定义和基本原则，并指出标准体系是一定范围内的标准，按照其内在联系形成的科学有机整体，标准体系的构建应遵循目标明确、全面成套、层次适当、划分清楚等基本原则。“专精特新”中小企业标准体系的构建既要遵循标准体系构建的基本原

则，同时又要充分考虑中小企业“专精特新”的发展特性。

1. 目标明确

“专精特新”中小企业标准体系构建的直接目标在于提升中小企业生产经营的标准化水平，具体来说，包括专有或特色的技术、产品、服务、生产工艺流程和管理的标准化程度提升。最终提升中小企业技术创新能力、市场竞争力和品牌影响力，进而使产业基础能力、产业链的现代化水平不断提升，产业不断壮大，并实现高质量发展。因此，要充分考虑中小企业“专精特新”提升过程中的各要素的统一化状态。

2. 全面成套

构建“专精特新”中小企业的认定、管理、培育体系以及推动其生产经营朝专业化、精细化、特色化及新颖化方向迈进，是一项复杂而系统的工程。这一过程涵盖了中小企业、政府管理部门以及培育服务第三方等多个参与主体。因此，在构建“专精特新”中小企业的标准体系时，必须遵循系统性原则，确保该体系能够全面覆盖中小企业“专精特新”发展的各个环节和所有相关主体。为了确保新构建的标准体系能够有效运作并产生实际效果，还需注意与现有企业标准体系之间的协调与兼容。

3. 层次适当

“专精特新”中小企业标准体系所划分的类目层次应适当，符合“专精特新”中小企业发展实际，避免要素所划分的颗粒度过大，无法为各行各业的中小企业开展“专精特新”提升活动提供清晰明确的指引；更要避免要素颗粒度过小，无法为更大范围的“专精特新”中小企业提供标准化指导。

4. 划分清楚

“专精特新”中小企业标准体系上下层类目之间存在清晰的隶属关系，上层标准类目包含下层标准类目的内容；同级类目之间属于并列关系，不存在信息的交叉和重复。

(二) 构建依据和方法

中小企业专业化、精细化、特色化及新颖化水平提升是一个综合过程，因此，要从中小企业“专精特新”特征、已有标准状况等不同维度，依据标准化理论和方法，构建“专精特新”中小企业标准体系。

1. 中小企业“专精特新”提升过程

从实践角度来看，中小企业“专精特新”的提升过程包括“专精特新”中小企业的资质认定、培育服务和管理活动、生产经营活动的专业化、精细化、特色化及新颖化水平提升等环节。考虑到行业特征差异，各行业“专精特新”中小企业的资质认定、管理培育服务和“专精特新”水平提升的内容和形式等方面有所不同。因此，“专精特新”中小企业标准体系的构建应充分结合中小企业“专精特新”各实践环节，进行标准体系各级类目的合理划分。

2. 多维度的标准分类方法

按照目的、功能、领域等属性对标准进行分类，标准可分为不同类型。从标准化目的来看，标准可分为基础标准、技术标准、安全标准和资源环保标准；从标准内容功能来看，标准可分为术语标准、符号标准、分类标准、试验标准、规范标准、规程标准、指南标准等；从标准化领域来看，可以对细分行业制定系列标准。“专精特新”中小企业标准体系的构建，既要涉及中小企业“专精特新”资质认定管理培育服务、生产经营活动的专业化、精细化、特色化及新颖化水平提升每一环节，也要覆盖重点细分行业领域。因此，充分利用多维度的标准分类方法，构建全面系统的“专精特性”中小企业标准体系。

二、“专精特新”中小企业标准体系框架

依据中小企业“专精特新”水平提升具体环节、现有标准化特征和标准分类方法，“专精特新”中小企业标准体系有3级分类，具体包括基础标准子体系、资质评定标准子体系、管理培育标准子体系和“专精特新”提升标准子体系4个二级类目子体系，15个二级类目系列标准；同时，考虑到标准体系的动态扩展性，对3级类目下的标准进行了合理性预留。

（一）基础标准子体系

基础标准子体系作为“专精特新”中小企业标准体系的核心基石，其首要任务是对中小企业在“专精特新”提升过程中的基础性概念进行明确界定。这些定义详细阐释了中小企业的专业化、精细化、特色化、新颖化等关

键要素，确保了对这些特性的科学理解。同时，依据不同行业的经济技术特性和经营管理要求，基础标准子体系对“专精特新”中小企业进行了细致的分类，为各细分行业内的中小企业在“专精特新”发展道路上的认定、管理、培育及标准化工作提供了明确的方向和依据。

通过构建这一基础标准子体系，旨在为中小企业及其细分行业在“专精特新”发展过程中，遇到的范围边界问题提供标准化的指导。这不仅有助于中小企业明确自身的发展方向和定位，还能为相关管理部门和服务机构提供清晰的工作指南，共同推动中小企业向“专精特新”方向迈进。

(二) 资质评定标准子体系

资质评定标准子体系是“专精特新”中小企业标准体系的外核部分，该子体系确立了“专精特新”中小企业资质评价指标体系，规定了对应指标的取值规则，描述了认定结果的形成方式。为了体现资质评定标准的合理性和可操作性，该子体系还确立了细分行业的“专精特新”中小企业资质评价指标体系和相应取值规则。此外，还确立了中小企业“专精特新”发展水平的阶段性评价指标体系，为巩固中小企业“专精特新”发展的阶段性成果和水平优化提供标准支撑。资质评定标准子体系的构建将有利于协助解决“专精特新”中小企业的资质认定问题，为“专精特新”中小企业的培育和管理工作的开展奠定基础。

(三) 管理培育标准子体系

管理培育标准子体系是“专精特新”中小企业标准体系的外核部分，该子体系从管理和培育服务角度对“专精特新”中小企业的扶持与发展进行统一化规定。其中，该子体系对“专精特新”中小企业的管理机构、管理权责、管理内容、管理机制等进行统一化规定，特别是对“专精特新”中小企业信息化平台建设和管理的规范统一，以提高对“专精特新”中小企业的管理效率。该子体系还对“专精特新”中小企业培育服务的机构、内容、形式等进行统一化，以规范“专精特新”中小企业培育服务行业、提升培育服务效果，管理培育标准子体系的构建，为提高“专精特新”中小企业管理培育效率提供了标准支撑。

（四）“专精特新”提升标准子体系

“专精特新”提升标准子体系是“专精特新”中小企业标准体系的内核部分，该子体系是为了协调统一的技术事项而制定形成的系列标准，提供了中小企业及细分行业下中小企业“专精特新”发展方向、内容等的综合指导指南，还给出了中小企业专业化、精细化、特色化、新颖化每个发展方向的具体建议，尤其是每个发展方向过程中的标准化建议。“专精特新”提升标准子体系的构建和应用有助于中小企业清晰“专精特新”提升方向，为中小企业“专精特新”具体活动的开展提供标准指南。

三、“专精特新”中小企业标准化对策建议

“专精特新”中小企业标准体系的构建是中小企业“专精特新”高质量发展相关标准化工作的基础。鉴于当前中小企业“专精特新”认定、管理培育和发展现状以及标准化现状，为了更好地发挥标准化及标准体系对中小企业“专精特新”提升的积极作用，现给出如下标准化对策建议。

（一）组织开展重点环节的标准研制，构建完善的“专精特新”中小企业标准体系

中小企业在推进“专精特新”转型发展的过程中，提升“专精特新”水平无疑是核心环节，但同时也是当前标准统一化进程中的薄弱环节。鉴于“专精特新”中小企业显著的行业差异性及其标准制修订过程的市场化特征，迫切需要采取积极措施。具体而言，应鼓励标准化机构、行业协会、企业等多方主体加快研制中小企业“专精特新”提升环节的相关标准。这些标准应聚焦于细分行业中“专精特新”中小企业的认定、培育和提升过程，以实现统一化和规范化管理。通过完善“专精特新”中小企业标准体系，可以有效扩大其适用范围，确保中小企业在“专精特新”提升过程中有明确的标准可依，进而推动整个行业朝更高水平发展。

（二）开展标准化培育和宣传工作，构建“专精特新”中小企业标准化培育服务机制

中小企业对“专精特新”及其标准化的重要性认识不足，对如何“专精特新”以及如何利用标准化助推“专精特新”水平提升更是缺乏一定的能力支撑。因此，相关标准化机构和培育服务机构应针对中小企业开展“专精特新”及其标准化的专题宣传培训，重点阐述“专精特新”及其标准化的重要性、标准化助推中小企业“专精特新”的作用机制等，开展“专精特新”中小企业标准化工作人才培育，形成“专精特新”中小企业标准化培育服务机制，提高中小企业“专精特新”及其标准化工作能力。

（三）构建“专精特新”中小企业标准实施反馈机制，注重发挥标准之间的协调作用

中小企业“专精特新”水平的提升过程涉及资质认定、管理培育等多个环节以及政府、企业、服务机构等多个主体，“专精特新”中小企业标准体系各类标准之间存在明显的耦合协调关系。因此，“专精特新”中小企业各类标准在实施过程中，要构建明确的标准实施反馈机制，提高标准实施效果的作用合力。注重发挥政府在中小企业“专精特新”资质评定、管理等环节的作用和相关标准实施状况的效果反馈，关注标准化机构、咨询服务机构在“专精特新”中小企业培育服务等环节的作用和相关标准实施状况的效果反馈，注重企业在“专精特新”水平的提升过程中关于标准实施效果的反馈。

第三节　培育发展“专精特新”中小企业的长效机制

一、培育发展“专精特新”中小企业面临的问题及原因

“专精特新”企业是指主营业务突出、专业能力强、研发创新能力强、具有发展潜力的企业，具有专业化、精细化、特色化、新颖化四大优势。近年来，我国各地顺应大势，守正出新，将进一步提升中小企业创新能力和专业化水平当作一项重要工作，“专精特新”企业培育发展取得一定成效。但

整体来看，仍存在统筹协调不够、“评定政策不够细化、培育总数相对偏少、借力资本市场不足、奖补政策不聚焦、扶持政策单一、高端人才引进困难、培育高价值专利能力匮乏”① 等问题。这些问题主要存在以下四个方面原因：其一，宣传引导与有关各方合力不到位。企业对评定标准、扶持政策认识不足，各地对“专精特新”企业发展重视程度不一，工作联动不够紧密，中小企业公共服务示范平台等载体作用发挥不充分。其二，扶持政策与直接融资结合不紧密。现有金融扶持政策侧重发挥银行等间接融资作用，对股权、债券等直接融资工具运用政策引导和激励偏少，引导投资机构支持企业政策不足。其三，梯次培育与资本市场对接不完备。资本市场分层服务与梯度培育尚不完全匹配。其四，融通发展与资源整合不协同。政府主导型产业政策的实施还不够优化，为“专精特新”中小企业创造的产业链生态环境还不够优化，协调跨界和产业协作的引导作用发挥不够。

二、以长效机制构建，推动中小企业走“专精特新”发展之路

培育发展“专精特新”中小企业是一个全面系统的政策体系，它要求有长远的规划，而非零散的措施；它是一项长期战略，而非短暂的应急策略。为了持续有效地推进这一战略，构建完善的长效机制就显得尤为重要。在国内外先进地区已经通过创新实践探索出了培育发展“专精特新”中小企业的有效路径和模式，这些宝贵的经验为各地提供了重要的思路和借鉴。因此，各地在追赶先进的过程中，应不断弥补自身的不足，加快培育发展“专精特新”中小企业的步伐，以带动地区经济实现跨越式的发展。

（一）构建组织协调机制

1. 强化组织领导

借鉴长江三角洲地区经验各省应建立省级中小企业培育发展工作领导小组，统一中小企业管理部门的职责，优化中小企业服务体系。在此基础上，可考虑建设区域型、行业型和企业型“专精特新”培育发展工作领导小组，与省中小企业培育发展工作领导小组对接。构建政企座谈机制，充分发

① 朱楠.“专精特新”企业科技成果转化路径分析[J]. 科技智囊，2022（7）：30-33.

挥商会、企业联合会促进政企沟通的优势作用，定期召开“政企圆桌会议”，形成“问题收集—协调落实—动态反馈”的良性互动，全力打造“党政部门领导与民营企业家面对面”的亲清政企关系。打造区域产业链链长、链主制，链长由区内主要领导担任，链主由区内龙头企业担任，负责组织协调所负责集群的相应产业链发展工作，推进跨界融合互动，提升人力资本投资水平，改善信息不对称状态，推动产业生态系统建设。设立“专精特新”企业培育工作督查服务专员，实施精准的政策解读、产业引导、信息交流、政策兑现、项目审批、人才服务等，及时发现和解决企业在发展中存在的困难。

2. 强化宏观布局

实施各类中小企业、民营企业、科技制造型企业专项发展计划，构建科学的中小制造企业评价体系，制定科学的评审标准和奖补政策。鼓励各地政府尝试摸索建立一套“科学、合理、有效、动态”的评价指标体系。由省级单位逐步筛选并确定评价模型和评价方法，然后由各地级城市因地制宜地制定“专精特新”培育企业的准入门槛和评价标准取值。此外，各级政府应整合各类中小企业鼓励奖项，建立相应的省地两级专项预算，依据科学公正的评价结果落实并及时发放优秀“专精特新”企业奖补资金，在重视科技创业孵化企业的同时，探索建设“专精特新”中小制造企业产业园。

3. 构建统一的数据服务平台

归并各类省、市、县（区）的中小企业服务平台，扶持大型网络公司建立省级统一的创新协作服务平台，将产学研各领域都归口到创新协作服务平台上，为发展和培育“专精特新”中小企业积累准确的企业数据资料，推进开放性协同创新。支持“专精特新”中小企业组建联合会，完善服务体系建设。“依托国家级中小企业公共服务示范平台、省级中小企业公共服务平台、结合第三方服务平台和产业集群平台，搭建中小企业公共服务体系，为中小微企业提供惠企政策直通车、创业辅导、管理指导、技能培训、市场开拓标准咨询、检验检测认证等服务。”① 发挥中小企业服务中心、协会及服务示范平台等载体在政策宣传对接、企业培育等方面的作用；加强部门信息共享，定期通报交流企业培育及挂牌上市工作进展，增强培育发展合力，促进“专

① 秦洪卫，杨立群. 构建培育发展“专精特新”中小企业长效机制 [J]. 科技智囊，2023(5)：45-51.

精特新”中小企业上量提质、上市发展。

（二）构建内生动力机制

1. 更新观念理念

改变以规模为导向的传统政策思路，引导中小企业注重精细化、专业化、特色化发展。从过度依赖营收、税收等硬性指标，转向更加注重市场占有率等更具代表性的指标。强化中小企业社会贡献的宣传，特别是为科技型中小企业提供国民待遇般的支持。政府服务应更加主动发挥“政策计算器”的功能，智能化地为企业匹配政策，并主动告知企业可申报的政策和享有的优惠。通过专题培训、参访交流、案例分享等形式，使企业家认识到“专精特新”的时代意义，帮助他们抓住新的发展机遇。同时，搭建完善的创新发展机制和体系，加快中小企业的高质量发展。

2. 提升中小企业参与评选热情

做好“专精特新”中小企业的宣传推介，发挥媒体作用，大力宣传“专精特新”中小企业创业、创新的典型经验、做法，注重宣传企业文化、企业形象，扩大“专精特新”中小企业和产品的知名度、影响力及市场份额。

3. 引导中小企业加大创新力度

引导中小企业开展技术创新、管理创新和商业模式创新，鼓励“专精特新”中小企业建设高水平研发平台，建立博士后工作站、企业技术中心，并与科研院所、大专院校设立联合研发中心，发挥技术创新在企业发展中的重要作用。引导中小企业通过新型连锁经营、合同能源管理、融资租赁等方式，利用网络和信息技术，构建新的商业模式。开展“专精特新”系列新技术、新产品发布，搭建新技术成果转移交易平台，助推中小企业新技术新成果加快转化和产业化。通过实施中小企业数字化赋能专项行动，培育一批技术实力雄厚、服务能力优秀的数字化服务商，引导支持中小企业上云上平台，促进中小企业通过数字化、网络化、智能化改造实现创新升级。

（三）构建融通协同发展机制

1. 强化全产业链、全要素、全周期政策支撑

应从简单的财政补贴改为产业链支持，政府为“专精特新”中小企业创

造全产业链的生态环境。一方面，为“专精特新”中小企业和大中型国有企业牵线搭桥；另一方面，在条件比较优异的地方建设适合中小企业生存和发展的产业集群，并从技术要素、市场、制度或管理等全方面支撑扶持。对“专精特新”中小企业的技术创新进行支持，不仅在供给侧提供技术攻关，还应强化市场支持和管理辅导；产业政策不仅强化前半段的技术创新支持，还应支持后半段的市场创新。

2. 以链长、链主制打造富有地方产业特色具有竞争力的产业链产业群

发挥区域产业链链长、链主组织优势，深化大企业的标杆引领作用，打造富有地方产业特色、具有竞争力的产业集群，以集群化发展催生新活力。构建国有大企业与中小企业设备共享、产能共享、技术共享等模式，形成融合的数字化创新产业链产业群。推广在中小创新企业建立院士专家工作站等做法，建立专业化众创空间。建立以重大项目为牵引的资源整合和创新协同机制，鼓励中小企业在产业群和产业链中找准位置，发挥分工角色。推动国有大企业市场利用中小企业的专利，提高创新研发的效率。加强中小企业与国有大企业、科研院所的创新研发互动，创造中小企业参与创新和分工的机会。

3. 开展产业链固链行动和龙头企业改造升级行动

依托龙头带动中小企业发展，推动龙头企业加大本省采购、增强上下游产业链协同，促进一大批配套、协作中小企业发展。省、市、县（区）财政可依据龙头企业协作配套销售额或委托加工费、中小企业为龙头企业配套加工产值或加工费的一定比例，分别给予龙头企业、中小企业相应补助。

4. 协同推进中小企业与龙头企业配套发展

推进中小企业与龙头企业“手拉手”抱团发展、协作发展、创新发展，培育大而强的产业集群。引导中小企业与龙头企业配套生产，鼓励和引导中小微企业加强技术改造、技术创新和管理提升，按照龙头企业的生产工艺、产品标准组织生产，积极为大企业协作配套。

推广应用重点采购目录，促进龙头企业通过专业分工、服务外包、订单生产等形式带动中小企业进入产业链或配套体系。建立龙头企业配套产品目录库，举办配套采购对接活动，分行业、分专题组织企业参加采购对接。

在摸清龙头企业与中小企业供需配套对接的基础上，对为本地龙头骨

干企业进行配套生产的本地中小企业实行名录库动态管理，定期召开配套产品信息发布会，在名录库内企业申报产业政策技改项目同等条件下，优先支持提升设备购置金额补助标准。

（四）构建配套保障机制

1. 构建梯度发展体系

为了推动中小企业的高质量发展，应加速构建一个由创新型中小企业、市级“专精特新”中小企业、省级“专精特新”中小企业、国家级“专精特新”“小巨人”企业及“单项冠军”企业等构成的梯度发展体系。这一体系将遵循“储备一批、培育一批、提升一批、示范一批”的原则，为制造业的高质量发展奠定坚实的基础。

首先，需筛选出具有高成长性的科技型中小企业和高新技术企业，并将它们纳入储备库，作为“专精特新”中小企业的重点培育对象。

其次，加强“专精特新”中小企业的入库培育工作，积极鼓励符合标准的企业申报入库，确保应入尽入。同时，为入库企业提供全方位的指导、培育和支持。在提升阶段，应整合政府政策资源和社会化服务力量，要特别关注处于重点产业链上下游薄弱环节和基础环节的“专精特新”中小企业，加大支持力度，助力它们迅速成长为“小巨人”企业或制造业“单项冠军”企业。

最后，对于表现优异的“专精特新”中小企业，要做好典型示范宣传工作。深入分析并总结部分在技术、管理、运营方面表现突出的“小巨人”企业或“单项冠军”企业的成功经验和发展模式，并将这些案例在全省范围内推广学习，以营造积极向上的产业发展氛围。

2. 建立“专精特新”中小企业生产运行监测机制

在现有的“专精特新”培育库的基础上，选择有发展潜力的企业建立升级库，制定培育扶植制度，实施跟踪辅导，帮助解决困难。运用大数据、云计算等技术平台，构建及时反馈机制，收集企业问题和政策诉求建立优胜劣汰机制，常态化监测、动态化管理。

以“亩均论英雄”大数据平台深化数字引领，除了做好常规评价工作外，对企业销售收入、工业增加值研发投入等指标进行跟踪监测，实施数字化筛选与过滤，使培育“有的放矢”。

3. 对“专精特新”中小企业制定非对称支持政策

创新融资制度，改变财政补贴为信贷和资本市场补贴。由地方出资建设可以为中小企业承担创新风险的信贷资金池。根据不同企业的风险，分层级建立相应规模的抵押资金池，克服“专精特新”企业创新发展中的资金瓶颈。推动劳动、土地、资本、知识、技术、管理和数据等生产要素市场化。通过建立科学评估体系，让企业家的身价和信誉能够变成财富，企业家可以用身价和信誉来作为银行授信额度的依据。

工信部门联合融担公司推出纯信用、免抵押、低利率的融资信贷产品，采取企业申请、市县初审、省市审核推荐、银行独立审批、担保公司见贷即保的业务流程，解决优质“专精特新”中小企业融资难、融资贵问题。联合相关部门加强对“专精特新”中小企业的上市辅导，推动一批“专精特新”企业通过新三板、中小板、科创板上市，打造“专精特新”上市板块，有效促进直接融资。

设立“专精特新”中小企业服务券，补助中小企业购买入驻中小企业服务平台上的专业服务机构所提供服务，服务商收取企业的服务券后，向承办单位申请核实兑现，有效发挥政府财政资金作用，创新企业服务模式，支持企业创业创新和上规升级。

在省股权交易中心设立“专精特新板”，定期召开“专精特新”中小企业股权融资对接会，为中小企业和投融资机构搭建对接的平台，帮助中小企业畅通融资渠道，扩大直接投资。

发展科技贷款，建立科技信贷产品体系，开展信用贷款、知识产权质押贷款、股权质押贷款等融资业务，联合地区银行等金融机构面向“专精特新”中小企业提供有针对性的金融产品。

保障“专精特新”工业用地。对小微企业开展评价，评价结果与工业用地配置挂钩，切实保障产出高、科技含量高、市场前景好的“专精特新”小微工业企业用地。在域内龙头企业旁建设配套产业链园、特色小微企业园，建造面积不等、可以独立分割的标准化小厂房，保本甚至让利出租或者出售给“专精特新”小微工业企业，让小微企业“进得起、留得住、发展得好”。

加大产销衔接服务、政府采购扶持力度，积极推广“首购首用”政策，优先将“专精特新”中小企业产品纳入产品目录，细化预留采购份额、价格评审优惠、降低投标成本、优先采购等支持措施，促进供需有效对接。

第四节　数字技术赋能中小企业“专精特新”发展

一、数字技术赋能中小企业专业化

（一）帮助企业明确主营业务

借用数字技术选取国家重点产业作为生产经营目标。处于初始阶段的中小企业大多经营范围大而杂，产品业务线混乱且无固定主营业务，企业生产资源有限且分布散乱。这类企业生产的产品常出现质量差、精细程度低、市场竞争力小等问题，不利于企业的可持续发展。对此，“企业可以借助数字技术明确主营业务，选择深耕国家重点扶持产业，获得政府在资金、政策、数字化建设等方面的支持，从而立足市场，完善国家产业链，实现持续经营，并利用数字技术对产品进行市场调研监督、需求分析，明确生产产品的种类”①。

中小企业在面临市场变化时，由于规模和资源限制，往往难以迅速有效地分析市场动态，导致市场敏感度不足。这种不足可能导致企业在生产选择与市场变化之间出现不协调，进而错失商机、流失市场和客户。为了克服这一挑战，中小企业可以积极运用大数据、云计算等数字技术进行市场监测。通过数字技术，企业可以深入研究新产品的市场接受程度以及目标受众的满意度，从而精准定位产品，实现快速响应市场变化、精准开发新产品，并维护、调整、升级现有产品。这种策略有助于企业实现市场纵向扩展的目标。例如，某家企业在创立之初便瞄准了国家战略层面所强调的空白产业，专门研发和生产桁架式工业机器人，旨在填补国内相关产业的空白，打破国外垄断。在获得政府支持后，该企业又与另一家公司合作，引入了 ERP 系统、立体自动仓储物流系统等数字化应用，对企业实施了全流程数字化改

① 王慧，夏天添，马勇，等．中小企业数字化转型如何提升创新效率？基于经验取样法的调查 [J]. 科技管理研究，2021(18)：168–174.

造。这不仅实现了设计制造与业务的紧密协同，还因产品变更速度与客户要求、市场变化速度保持一致，极大地缩短了市场反应时间，实现了高度的信息化。该企业针对市场需求研发的中文操作机器人热销，正是数字技术助力的直接体现。

（二）助力传统企业转型

应用数字技术可以优化企业生产过程和经营方式，助力企业实现生产制造新范式，提出新的产品制造解决方案。随着数字化转型的兴起，传统业务面临转型的巨大压力，许多传统企业只有快速转型到新业务上，才能转换道路，实现企业可持续发展。数字技术可以将相对分散和闲置的研发、设计、生产供应链、销售渠道、资金等涉及上下游全产业链的资源聚齐整合，按需匹配、实时共享给需求方，以实现供给和需求侧弹性匹配，加快资源流转，提高生产效率。实现数字化转型的企业将更快地完成业务转型，实现新业务的专业化发展。目前，我国仍有很多企业以生产明矾、棉布、地毯等低附加值产品为主，生产集成电路、核心零部件、生物医药等前沿科技产品的企业较少，产品竞争优势为低成本优势而非技术优势，而这也正是这类企业产品竞争力低、发展缓慢的原因之一。

（三）衍生新业务

随着数字经济领域的广泛渗透，企业数字化转型面临紧迫性和复杂性，催生了数字技术衍生品业务作为助力转型的新动力。这类业务专注于开发创新的数字技术产品，开辟新的市场应用场景，旨在满足不断增长的潜在市场需求。因此，不少科技型企业开始调整战略，专注于数字产品的生产和创新。

这一领域的兴起不仅满足了市场的需求，还为中小企业开辟了新的增长路径。以一家致力于提供数字解决方案、推动中小企业数字化转型的科技型公司为例，该公司敏锐地捕捉到知识产权地位不断增强的市场趋势，确立了成为新型信息咨询服务公司的战略目标。经过两年的快速发展，该公司已成为行业内的领军企业。该公司研发的全球产业科技情报分析系统、TIBase 数据库、PatNavi 专利导航智能分析工具等，已被广泛应用于企业专利风险披露领域，帮助企业有效降低与知识产权相关的风险。其中，基于 TIBase

数据库，该公司还为众多企业提供了针对融资问题的数字化咨询整体解决方案，为企业的稳健发展提供了有力支持。

二、数字技术赋能中小企业精细化

(一) 促进生产精细化

打造内部数字化流通系统和信息处理系统。企业可以通过数字技术应用打造集设计、生产、运营、销售全流程各环节数据链，构造整体数字化组织架构，深入挖掘数据信息，促进各部门各环节协同合作，加速企业生产效率的提高，节约更多人力成本。

一是生产设备联网。企业运用数字技术将生产设备联网，实现设计、生产、物流、存储各环节协同合作。另外，企业联网后还可以监测生产设备状况，便于及时发现、处理设备故障等突发状况，最大限度地降低设备故障产生的损失。

二是建立数字化生产车间和智能工厂。企业可以利用信息技术和关键设备、软件，建立数字化生产车间和智能工厂，实现智能化生产方式，提高产品生产精确度，降低原材料损耗，促进上下游产业链高效协同合作，实现供需精准、及时匹配、资源共享，加快形成全产业链生产方式。

三是上下游协同仿真、分析。数字孪生技术通过实现上述功能，提高企业设计生产效率，减少返工。其中，“产品数字孪生体可以帮助企业对产品数据和模型进行层次化和精细化管理，有利于整合上下游供应链和产业链”[①]。作为整个数据链的中心，数字孪生可以实现上下游企业之间的数据集成和共享，帮助全产业链企业进行产品设计、开发生产、运营。通过数字孪生技术升级供应链，加强对数字孪生物联网服务的运用和多个生产设施的运营；采用软件模拟技术，提高产能和流程控制，并通过预测性维护，提高生产机器的运行时间，减少产品的浪费量。通过数字孪生技术生成可以重复使用的虚拟“应用商店”，极大地降低了公司成本，提高了工作效率。以数字样机和虚拟仿真为代表的产品设计赋能平台，大幅度提高了产品设计效率和

① 庄存波，刘检华，熊辉. 产品数字孪生体的内涵、体系结构及其发展趋势 [J]. 计算机集成制造系统，2017(4)：753-768.

准确率，加快了产品迭代进程。以数字孪生为代表的先进制造技术正在公司生产线上发挥着越来越重要的作用。

（二）促进内外部运营精细化

一是改造内部规章制度、数字化分析经营数据，提高生产效率。企业内部进行数字化改造，一方面，要完善内部规章制度、架构，使之符合数字化企业经营要求，助力企业员工适应数字化改革，从而提高企业生产效率和产品精细化程度；另一方面，可以发挥精、准、快的数字化运营优势，运用数字技术对经营数据进行可视化分析，以实现各主体协同合作，优化内部运营流程。进行数字化改造，从初期部署 ERP 系统，对生产订单、仓库、物流信息进行集成管理，到规模扩大后升级为 SaaS 管理，不断运用数字技术提高生产环节效能。在采购环节，可借助电商平台打造的"快采购轻管理、一站式"数字化平台，简化审批流程使数据更精准，以此提高采购效率。在仓配管理方面，电商平台可提供无人设备和全流程服务，完成了数字化改造升级，极大地节约了仓储面积，提高了员工工作效率。通过整合外部资源，实现企业内部运营精细化发展。

二是建立数字生态系统，整合员工、合作伙伴、客户、供应商和外部实体。数字化改造可以解决中小企业成长过程中，易出现的企业内外部合作流程不规范、生产营运流程混乱等问题。比如，企业可以利用数字技术分析内外部主体之间信息交流频率、记录信息交流内容，根据客户、供应商和竞争者的实时数据反馈进行分析；针对市场变化、竞争者策略、消费者需求提供更高效、更精准的战略定位和服务，实现对内外部主体精细化管理。深入市场开展调研，运用立体自动仓储物流系统和制造执行系统，实现高度的数字化和信息化，将信息流和物流及时匹配，实现了精益生产，快速响应客户需求，提供高品质的产品和服务。

三是全产业链精细化。大型企业凭借强大的资源，通过数字技术成功构建了云平台和大数据资产管理平台，实现了内部数据资产的共享与外部数据资产的链接与融合。这些企业以市场数据为驱动，对业务流程进行精细化的管理和控制，确保了需求与供给流程的紧密对接。相比之下，小型公司由于资金和规模的限制，往往难以独立构建云平台。然而，它们可以通过数字化改造，与同一产业链上的大型企业建立紧密的合作关系，链接并利用这些企业的云平台资源。借助完善的产业链条，小公司可以逐步提升自身的后台技术，实现"云上化"的转型，带动内部数字化改造，最终实现全产业链的精细化改造，促进上中下游产业的协同发展。以某些科技公司为例，它们将全部业务建立在云平台上。这些公司利用云平台提供的高效稳定的生产环境，赢得了客户的信任，并大胆提供仿真服务。通过与平台专家和云平台团队的深入交流，这些公司能够准确识别并解决业务中的痛点，最终开发出高效的执行框架。这不仅简化了基础资源的管理和运维，还实现了内部流程的精细化发展。而这些公司开发出的产品，也能帮助其他企业优化生产流程，提高生产效率，实现产业链的整体提升。

三、数字技术赋能中小企业特色化

（一）大数据分析市场需求

监测市场变化，驱动自主创新。公司可以利用大数据等数字技术监测市场状况，及时分析市场变化，辨明市场趋势，实时了解产品市场需求，驱动公司自主创新，真正实现由需求指导创新，设计出更符合消费者需求的特色产品。可与科技巨头公司合作，利用后者强大的计算能力助力自身人工智能、数据分析能力的发展，实现供应链数字化转型后，通过数字技术分析消费者喜好，以在线平台、移动设备等多种方式为客户提供精准服务和满意的购物体验，并运用数字技术为客户量身定制运输服务，真正做到由客户需求指引自身服务发展。实现数字化转型之后，运用数字技术分析客户互动信息，制定差异化营销战略。

（二）大数据监测生产环节

全方位监测生产流程，采集分析全部数据。企业可以利用数字技术对生产流程进行全方位监控，并采集产品生产全流程数据和产品性能全部数据，按照特定程序进行分析。运用虚拟仿真手段，数字化验证各方案的可操作性，模拟创新结果，分析市场数据，实时实现低成本优化、改良产品，打破产品竞争壁垒，实现跨界融合，促进企业特色化发展。企业还可以运用数字化战略完善公司数字生态系统，实现各部门内部链接，通过接入其他大型公司平台，获取信息、数据、资源，以促进外部交流和协同，实现协同创新。

四、数字技术赋能中小企业新颖化

(一) 建立人才合作机制

达成智力合作机制，共享数据和人才资源。企业实现数字化升级之后，通过建立完整的数字生态系统，与产业链上下游大中型企业共同构建智力合作机制，享受大企业的数据资源和人才资源，以弥补中小企业高科技人才储备不足的缺陷，推动企业不断发展创新。公司一开始就要整合人才，独立设计产品，并通过整合资源，以基于互联网金融的资金、互联网的产业集群实现创新。与此同时，还要设立技术创新研发中心，充分利用人才，掌握核心技术，设计具有自主知识产权的产品。

(二) 建立产学研合作机制

一是运用数字技术联合高校实现线上教学、数字化产学研联合培养模式。企业要充分应用数字技术，使员工能在工作场地实时接收全世界的优质教育资源以及产品变化的实时信息，以提高员工研发效率、生产效率和员工素质，重塑产品竞争力。

二是数字化分流。企业可以运用数字技术精确分析员工特性，实现员工特性与岗位特征精准匹配，以便于员工快速适应工作岗位，充分发挥自身优势。

三是打造场景化数字人才结构梯队，促进员工研发创新，使企业实现新颖化发展。为了促进人才培养和素质提升，需要构建一个优质的平台，并通过优化制度设计来整合资源，提高人员素质。在关键的基础领域，持续按照“三业”(专业、职业、行业) 的要求，培养和发展技术人才队伍。在技术人才队伍建设上，致力于形成包括高级、中级和初级三个层级的完整技术人才梯队。同时，积极引进和培养在技术领域具有深厚造诣的资深研发人才，以增强团队的创新能力。为吸引更多优秀人才，积极与当地高校建立产学研合作机制。通过这一机制，每年聘请高校教授为员工进行授课，开展继续教育、基础培训和管理培训等活动。这些培训充分利用数字技术，有效提高员工的受教育程度，进而提升整体员工素质，极大地推动产品创新。

第四章　中小企业数字化转型的逻辑理路探索

第一节　中小企业数字化转型的理论依据

一、新制度经济学相关理论

新制度经济学是对制度相关的问题进行研究的一门科学，主要从交易费用理论、产权理论以及技术创新与制度创新理论三个方面对数字化转型相关的新制度经济学理论进行阐述。

（一）交易费用理论

数字信息市场运行，进行交易是有成本的，而数字化企业的存在能够通过自身相匹配的组织节约部分交易成本。资产具有的专用性质、未来发展趋势的不确定以及交易发生的频率大小都能不同程度地影响或决定交易费用的数量。在数字经济发展过程中，互联网通信应用是数字企业发展的客观条件，其传播范围广、信息量大，具有开放性及共享性的特点，因此对于数字企业来说，互联网通信这项资产的专用性程度较低；基于大数据与人工智能等数字信息技术的发展及广泛运用，行业发展趋势及用户消费行为的有效预测在一定程度上降低了未来市场交易的不确定性；数字市场交易频率大幅增加更有利于降低由交易规制结构的确立和运行所带来的成本。所以，数字技术进步及应用降低了信息不对称，扩大了交易量，使交易更为便利。从这个（用于交换）层面来说，数字技术进步及应用降低了交易费用。

企业是否进行扩张也与交易费用有关。数字化企业进行扩张时，数字信息等技术运用于生产，有助于生产要素的紧密结合；运用于营销渠道，有利于降低相关交易的时间及空间组织成本；运用于组织结构，有助于推动企业管理模式变革，并会不同程度地促进企业规模的扩大。在企业追加额外交易扩大经营规模的过程中，其内部会产生相匹配的额外管理费用，当该部分费用增加的数量等于交易费用所节约的量，该企业则会停止扩张。

（二）产权理论

数字经济社会在运用互联网、大数据及人工智能等数字信息技术进行运作的过程中产生了海量数据信息。为规范数字经济发展秩序，极有必要围绕数据信息及相关技术知识，清晰界定其可能涉及的权利归属问题，即个人还是社会拥有数据信息及相关技术知识产权。这里的产权是指由于数据信息与技术知识的存在及其运用所带来的人们之间相互承认的行为关系，它不仅是人们使用相关数据信息与技术知识的一种权利，也是确定人们与数据信息及技术知识使用相关的行为规范的社会制度。根据“科斯定理”：当没有交易费用时，不管初始产权是如何分配的，资源配置都能通过市场交易而达到最有效率的最佳状态；在此基础上结合现实生活条件推演出“科斯定理Ⅱ”，即当交易费用大于零时，初始产权的安排将会影响资源的最终配置情况。

以数据信息产权为例，在现实生活中，如果个人拥有数据信息产权，其个人拥有的数据信息在量上很少，并且相对封闭僵化，不利于数据信息流动，对其个人及社会的作用极其有限。但如果是企业等相关组织拥有数据信息产权，它们可通过自身技术及业务优势，扩大数据信息收集范围；“在拥有大量数据信息的基础上根据自身需要，对数据进行相应的筛选、建模、分析等处理形成数据群”[①]，以避免出现侵犯个人隐私等负外部性问题为原则，合理有效地使用这些数据群，将会产生巨大的商业及社会价值，实现社会福利的最大化。可以看出，有效的产权安排能使激励效果最优化，进而影响数据信息资源的配置使用效率。因此，可通过测度不同主体拥有数据信息产权所带来的社会价值，对数据信息的初始产权进行分配，例如，对于同一个数据群来说，若企业合理利用能产生商业价值并提高社会福利，则可使其产权成为企业拥有的具有排他性的私有产权；若个人使用有利于社会福利最大化，则可使其产权成为在个人之间完全不能分割的共有产权。相应地，与数据信息产生及运用相关的技术知识产权也是如此。

① 陈一. 我国大数据交易产权管理实践及政策进展研究 [J]. 现代情报，2019（11）：159−167.

（三）技术创新与制度创新理论

在数字经济社会的发展中，创新系统是一个融合了数字信息等现代技术创新与相应制度创新的综合体。这两者紧密相连，彼此影响。数字信息等现代技术作为生产力的核心要素，而与之配套的制度则是生产关系的重要组成。回顾马克思关于生产力与生产关系的论述，我们可以理解，数字信息领域的技术创新是推动数字经济社会制度创新的关键动力，而制度创新同样对技术创新产生反馈影响。

数字信息技术的创新引领着数字经济领域的深刻变革，这种变革不仅改变了经济领域的生产观念、技术应用方式，还重塑了人们的生活规则和习惯，形成了新的技术—经济范式。在现行的制度框架下，数字信息技术的创新是基于市场竞争和需求的自发、主动、连续过程。随着技术的不断发展，当它达到一定成熟阶段时，就会对相关的制度提出新的要求，以推动制度进行相应的变革。反过来，数字经济领域的制度创新内容和进程也会对数字信息技术的创新产生阻碍或促进的作用。适当的制度创新能够激励数字信息技术的进一步创新和发展，以提高其质量和竞争力，而不适应的制度则可能阻碍技术创新的推进。数字信息技术创新与制度创新之间形成了螺旋式的循环发展，这种循环不断推动数字经济领域的创新水平提升，从而增强了数字经济的竞争力和生命力。

在现实生活中，互联网、5G、大数据等数字信息技术的创新发展在时间上先于相关制度的创新。数字信息技术的创新极大程度地突破了人们进行生产交流等活动在时间与空间上的限制，将其运用于制度运行过程中，有助于提高制度运行的效率与质量。随着数字信息技术应用场景的扩展，数据具有了交易属性，致使市场上出现虚拟交易等新型交易方式，但由于相关数据信息与技术知识等产权制度改革滞后以及政府监管力度不够等，技术措施滥用及侵犯个人隐私数据等行为的存在严重影响到数字经济秩序。因此，数字信息技术创新发展对相关制度创新改革时限、内容及实施力度提出新要求，以稳定、激励技术创新活动的进行以及数字产业的健康发展。由此看来，数字信息技术的创新发展在为制度的创新及运行提供便利的同时，也带来了挑战。因此，企业、政府及相关市场行为主体在进行数字化转型以适应数字经济发展的过程中，不仅要充分发挥数字信息技术的优势，也应同时关注相关制度创新，寻求二者良性循环的平衡点，以最大限度地发挥制度创新功能，使交易费用更经济。

二、坚持新发展理念

在新时代的背景下，我国应坚定不移贯彻创新、协调、绿色、开放、共享的新发展理念。当前，数字经济的发展既与互联网经济有所不同，又蕴含其精髓，展现出了系统性和全面性的时代特色，与新发展理念高度契合。其一，创新是数字经济发展的核心驱动力。这意味着全要素生产率的提高是推动数字经济持续健康发展的关键。其二，协调是数字经济发展的内在要求。数字信息技术的辐射和带动作用有助于解决企业间、产业间及地域间的发展不平衡问题，促进经济社会的协调发展。其三，绿色是数字经济发展的重要方向。基于数字信息技术应用的新业态更加注重集约型发展，有助于推动生态文明建设，实现人与自然的和谐共生。其四，开放是数字经济发展的必由之路。新的商业模式以数字软件为纽带，打破了地域限制，为境内外互联互通提供了必要条件，推动了全球经济的深度融合。其五，共享是数字经济发展的根本目标。通过数据信息的共享优势，不断提升用户的数字经济体验，确保数字经济发展成果惠及全体人民，以实现数字经济的普惠性和可持续性。因此，在数字化转型和适应数字经济发展模式的过程中，市场参与者应全面贯彻落实新发展理念，将其作为指导思想，以确保数字经济的创新、协调、绿色、开放和共享发展。

在运用五大新发展理念实现高质量发展的过程中，只有将新发展理念融入现代化经济体系构建的方方面面，才能进一步解放我国生产力，增进人民福祉。因此，相关市场参与者进行数字化转型时要以现代化经济体系，尤其是现代产业体系为布局重点，促使数字化转型与现代化经济体系构建实现有机融合、整体发展，数字经济发展最大限度地带动高质量发展的动力、效率及其质量变革，从而为最终满足人民群众的美好生活需要奠定必要的物质基础。

第二节 中小企业数字化转型的思路与步骤

一、中小企业数字化转型思路

中小企业数字化转型不宜毕其功于一役，可以分为几个阶段。这样做，有助于中小企业在不影响现有业务的基础上进行数字化转型，有助于缓解数字化转型给中小企业带来的资金压力、工作压力等，有助于中小企业逐步实现数字化。因此，在实施数字化转型之前，中小企业有必要根据数字化转型难易程度、紧迫性、转型成本等确定优先转型的业务和后续转型的业务。

与大型企业相比，中小企业推进数字化转型还存在诸多困难，如转型资金短缺、数字化人力资源缺乏、技术能力薄弱、企业对于数字化认知较低等。鉴于此，中小企业有必要厘清思路，采取合适、可行的措施积极推进数字化转型。针对资金短缺问题，中小企业可以借助互联网金融等途径进行融资，做好资金借用与归还安排。针对数字化人力资源缺乏问题，中小企业要把重点放在培养内部人才上面，在企业数字化转型过程中锻炼队伍。针对技术薄弱问题，中小企业可以借助外力（如数字化平台服务商）提升技术水平，以便实施数字化转型。针对企业对于数字化认知较低的问题，企业领导层要积极学习，提升认知水平，这样才能带领员工与企业一起进步。

二、中小企业数字化转型步骤

考虑到企业数字化转型涉及面广、影响大，一般由企业家 / 高管发起和推动企业数字化转型比较稳妥，由数字化平台服务商提供技术支持。鉴于不同中小企业的特性有所差异，中小企业有必要和数字化平台服务商深入沟通，为其提供个性化的数字化转型支持服务。就转型过程而言，可以分为谋划阶段、试点阶段、推广阶段、深化阶段等，最终实现企业数字化转型。阶段不同，目标不同，任务不同，参与主体和推进措施也存在差异。

（一）谋划阶段

在谋划阶段，企业家 / 高管是企业数字化转型的根本推动者，相关职能部门领导和数字化平台是助手，为企业家的决策出谋划策。在谋划阶段，企业家/高管要对企业数字化转型进行计划，了解相关信息，形成初步思路。企业家/高管需要与中层领导接触，了解他们的想法，深入了解整个企业的状况，并与数字化平台服务商深入沟通，争取形成有针对性的企业数字化转型方案，企业数字化转型方案要确立转型的原则、先后等。

企业要清楚，“数字化转型是一项复杂的系统工程，在人才培养、设备升级、系统运维等方面要持续投入大量的时间和资金，要做好资金准备和人员部署”①。以制造型企业为例，制造型企业存在两个链条：工程链和供应链。工程链一般包括研发、产品设计、工程设计、生产等，供应链一般包括接受订货、生产管理、生产、流通销售、售后服务等。如果企业一次性全面实施数字化转型，则会带来一系列的问题和挑战，企业可能适应不了这种重大变化，数字化转型容易失败。可以考虑先把某一个或几个环节（如售后服务）作为试点，进行数字化转型，试点环节数字化转型成功之后，再继续进行其他环节的数字化转型。

（二）试点阶段

在试点阶段，企业在确保日常运作不受显著影响的前提下，应特别选取售后服务部门作为数字化转型的突破口进行深入分析。在这一过程中，售后服务部门被赋予了实施方的角色，是推动数字化转型的核心力量，而数字化平台服务商则作为重要的合作伙伴，提供必要的技术平台和技术支持。售后服务部门在继续保障对售后产品提供专业服务的同时，还应积极对服务流程进行数字化改造。这一改造旨在提高服务效率，更精准地满足客户需求，进而不断完善售后服务，提升客户满意度和忠诚度。此外，售后服务部门还应利用数字化平台广泛收集客户的建议和意见。在数字化平台服务商的协助下，通过大数据技术对这些宝贵信息进行深入分析，从而发现潜在问题，提出有针对性的产品优化策略。

在试点阶段，试点部门会面对更多的压力和问题，工作量也会比以前增加很多。为了充分调动试点部门的积极性，要给予更多的个人发挥空间，增强员工的自我效能感。还可以允许员工参与试点阶段的一些决策，以充分

① 李永涛. 中小企业数字化转型的思路与步骤[J]. 江苏商论，2024（4）：24-26，36.

利用他们的聪明才智。同时，有必要对试点部门的辛苦劳动进行物质补偿和奖励。比如，提高他们的工资、津贴、奖金、福利等，让他们觉得劳有所获。此外，还有必要让他们有机会参加一些专业培训，以提升他们的知识水平、技术水平和工作能力。对于试点期间表现良好的部门领导和员工，可以承诺他们晋升的机会，并给予他们荣誉。综合采取这些措施，有助于激发参与者的积极性，促使他们把更多的时间和精力投入工作中，这些都有利于试点部门的数字化转型和工作绩效的提升。

试点阶段末期，有必要全方位地对试点效果进行评价。可以从投入（人员、财力、物力、时间等）、产出（收入、效率提高、好观点、好方法）等方面进行综合评价。为了客观地对试点部门的数字化转型效果进行评价，要建立一个评估组，组长可由企业主或高管兼任，组员包括财务、运营等多个部门的经理。首先要设计一个详尽的评估方案，包括评估目的、评估内容（构建指标体系）、数据采集方法、数据分析方法、评估结果及其使用等。要构建全面的指标体系，指标体系包含财务指标、人员指标、客户指标等，还可以根据不同指标的重要性设置不同的权重。设置指标时，要纳入与企业核心经营目标对应的核心指标，摒弃或弱化与企业核心经营目标关系不密切的虚荣指标，在数据采集阶段，需要采集多个方面的数据，如财务数据、人员数据、客户数据等。接着要对数据进行预处理，删除重复的、无效的数据等，形成可用的数据集。而后采取合适的方法对数据进行分析，客观理性地评价试点部门数字化转型工作的成功之处、失败之处，总结经验和教训，并积极与数字化平台服务商进行沟通、完善之前提出的方案，为数字化转型的广泛开展打好坚实的基础。

（三）推广阶段

推广阶段并不意味着对所有业务进行数字化转型，而是要先评价哪些业务急于和便于数字化转型，而后根据评估结果优先对这些业务进行数字化转型。随着企业业务数字化转型的推广，会产生一系列部门之间的协调问题。这就需要建立包含企业主、公司高层和多个部门经理在内的强大的领导小组。领导小组的主要任务就是协调部门之间的关系，加强部门之间的沟通，积极解决遇到的问题，以便解决更多的问题。推广阶段需要花费大量的人力、物力和财力，企业要为推广阶段的实施做好物质准备、金钱准备、时间准备和人员准备。当计划转型的部门基本上完成数字化转型时，推广阶段就基本上结束了。

在推广阶段，企业领导层和执行层都会面临很多的压力和问题，工作量也会比以前增加很多。为了充分调动参与人员的积极性，有必要改善低水平的工作环境结构，还有必要对参与者的辛勤劳动进行物质奖励和精神奖励，并让参与者参加一些专业培训。这些都有利于企业数字化转型的推广和工作绩效的提升。推广阶段末期，要全方位地对数字化转型效果进行评估。要客观理性地评估数字化转型工作的成败，总结经验和教训，为数字化转型的深化打好基础。

（四）深化阶段

随着企业数字化转型的浪潮持续推进，尚未完成转型的部门也逐步迈入深化阶段，力求实现全面转型。对于已经成功实现数字化转型的业务，企业应持续优化其运作，旨在更好地契合市场需求。企业要提高整体运作效率，进一步降低成本，从而增强经济效益，甚至开创全新的商业模式。凭借过往在数字化转型中积累的经验和教训，企业可以更加高效地推进剩余的转型工作，以确保数字化转型在企业内部全面展开。随着这一过程的深入，企业的数字化水平将得到显著提升，最终使企业全面融入现代技术环境之中，迎接更加美好的未来。

第三节　中小企业数字化转型的影响因素

研究分析影响中小企业数字化转型的因素，是为中小企业提供相关的对策建议，助力其实现数字化转型及发展的关键。中小企业数字化转型的众多影响因素，本质上都是作用于中小企业内部环境及外部环境，进而影响中小企业数字化转型的进程。

一、内部环境因素

（一）数字软硬件设备资源

数字软硬件设备资源是中小企业数字化发展的重要基础资源，既包括电脑、服务器、存储器以及投影仪等硬件设施，也包括OA办公协同系统、BI商务智能系统、进销存管控系统以及财务数据分析系统等软件操作系统。这些数字设备资源可用于中小企业的生产、营销、组织管理等各个环节，能够提高企业运作效率，推动企业进行数字化运营及发展。一般来说，中小企业的数字软硬件设备资源越多，应用场景越广，使用频率越高，其进行数字化转型的能力与潜力就越强。

（二）数字化专项资金

数字化专项资金是指用于中小企业运营业务、组织管理以及其他相应数字化发展的定向资金。中小企业要根据自身发展特色及市场需要，设置数字化专项资金，制订短期、中长期及长期资金使用计划，并将其应用于企业数字化转型及发展，以利于企业长期稳步开展数字化转型。一般来说，数字化专项资金的设置、酌情增加以及有效使用，能够在提高工作人员对数字化转型重视程度的同时，也能为中小企业数字化转型长期提供科学的资金配给，以加快数字化的转型进程。

（三）数字化组织管理结构

数字化组织管理结构的调整设计要有利于提高资源配置效率，支持中小企业发展战略、经营管理的有效实施以及企业核心竞争力的培养。中小企业在数字化转型及发展过程中，如果企业内部能够设有支撑数字化发展的独立职能部门，统筹规划相关的数字化发展资源，从整体上把控布局企业的数字化发展战略，将会大幅缩短中小企业进行数字化转型的进程。

（四）数字人才

数字人才包括拥有完备数字化相关知识的管理人才、数字化技术开发与应用的实务操作人才以及具有跨行业或跨领域经验的数字化复合型人才。中小企业应“根据自身的业务特点进行数字人才队伍建设，为每一项数字化项目配备专业的数字化团队，以利于提高企业开展业务的效率，增强企业适应数字化环境的能力，加快企业数字化转型进程”①。因此，数字人才的数量及质量是影响中小企业能否实现数字化转型的重要因素。

（五）数据获取运营维护能力

在大数据和人工智能等新业态蓬勃发展的当下，数据已经跃升为数字经济发展的核心生产要素。中小企业面临的重要挑战在于如何在海量的信息海洋中筛选出有价值的数据，如何借助先进的数据分析系统或工具最大化现有数据的运营效益以及如何通过有效措施确保数据的安全性和来源的可靠性，这些挑战将直接决定企业数字化运营的效率和能力。因此，中小企业需要结合自身的发展需求，不断提升数据获取、运营和维护的能力。这不仅有助于企业顺利推进数字化转型，还能实现数据要素的高效配置，从而显著增强企业在数字化时代的竞争力。

二、外部环境因素

（一）产业数字平台建设

产业数字平台以数字信息技术为依托汇聚数据流，并以此为引导促使产业链上下游或者不同产业之间的跨界融合，进而形成共生共赢的数字化生态体系。这有助于要素资源共享，提高资源配置效率，更有利于不同企业之间加强协同联合创新，提高互联融通效率。一般来说，产业数字平台的建设能进一步助推中小企业进行数字化转型，融入数字化生态，进而提高企业自身数字竞争力。

（二）供应链数字化

供应链是围绕核心企业、联结生产制造、分销配送与最终使用等各个环节的物流链、资金链及增值链。云计算、物联网以及大数据等数字信息技

① 陈烨.中小企业数字化转型研究 [D].成都：四川大学，2021：48-52.

术的运用进一步强化供应链中各个主体之间的协同关系，促使链式供应体系转型升级为网状结构的供应体系。这种数字化的供应链有利于降低企业采购成本及供应成本，增加企业收入。因此，供应链数字化是吸引中小企业进行数字化转型的重要外部因素。

（三）资金支持力度

中小企业数字化转型过程中涉及数字硬件设备的更新换代、数字产品或服务的市场开发以及高端人才的引进与培养，需要有大量的资金支持。一般来说，来自民间或政府，以融资或信贷的方式加大对中小企业的资金支持，能为中小企业数字化转型持续提供动力，帮助其解决资金不足的难题。因此，加大资金支持力度是保障中小企业实现数字化转型的重要因素。

（四）技术支持力度

对于在数字技术创新及应用领域表现卓越的中小企业而言，它们需要来自市场其他主体和所属产业的技术支持，以构建完整且协调的技术链与创新链。这种协作不仅有助于企业为消费者提供更高品质的产品和服务，还能极大地提升消费者在数字时代的体验感受。而对于那些在数字技术创新及应用方面稍显滞后的中小企业，来自市场、产业等外部的技术支持就显得尤为关键。因此，加大对中小企业在数字化转型过程中的相关技术支持力度，对于推动企业坚定信念、完成数字化转型具有至关重要的意义。

（五）政策支持力度

中小企业的数字化转型及发展需要以健康有序的市场营商环境作为支撑。在这个过程中，政府需处理好与市场之间的边界问题，在不过分干预市场经济运行秩序的前提下，出台包括税收政策在内的政策体系，加大对中小企业数字化转型发展的政策支持力度，为中小企业提供良好的政策环境，以利于改善和缓解中小企业进行数字化转型的生存环境与压力。

第四节　中小企业数字化转型的实施路径

一、中小型企业数字化转型的现状与问题分析

虽然我国中小企业在数字化转型方面取得了积极进展，但依然存在明显的成熟度不足和差距较大问题，与大型企业相比中小企业在数字化转型过程中面临多重挑战，整体水平依然存在较大差距。大多数中小企业表现出数字化转型的意愿，但对数字化转型各个阶段的具体行动仍存在一定程度的不确定性和准备不足。

总体而言，我国中小企业参与数字化转型的比例还相对较低，这也导致中小企业对自身数字化转型战略产生了较多顾虑，一直保持观望态度。为了更好地推动中小企业数字化转型，我国需要采取更多的政策和资源支持措施，同时提高中小企业对数字化转型各个阶段的认知，以便更好地应对当前数字化时代的挑战。

（一）数字化转型资金不足

数字化转型的成本昂贵，企业的数字化转型项目是一项巨大且复杂的工程，从硬件设备的更新升级到人才引进系统的运营，甚至经营理念的转变，数字化转型前期需要巨额经济支出。此外，科技的快速发展意味着数字化设备不断更新和升级，这也进一步增加了数字化转型的投入成本。中小企业往往资金有限，一旦数字化转型过程中出现资金链断裂，企业就可能陷入极为困难的境地。数字化转型的时间表不确定，而且转型周期较长，这些因素都让企业管理者对数字化转型产生犹豫，会更加谨慎地权衡是否进行转型升级。

数字化转型需要大量人力和资金投入。从软件开发、硬件采购到设备升级，都需要显著的经济投入。然而，当前中小企业通常资金有限，在市场融资方面面临多重挑战。由于中小企业的管理不够健全，拥有的抵押物较少，投资者信心不足，因此银行可能不愿向其提供足够的资金支持。此外，数字化转型涉及高昂的原材料和人工成本，让银行对中小企业的贷款风险产生担忧。

政府在中小企业资金管理上存在的多头管理问题，也给财政资金的整合与协调使用带来了不小的挑战。由于这种分散管理的存在，财政政策对中小企业发展的整体支持效果并不显著，反而削弱了财政政策在推动中小企业数字化转型中的影响力。这直接导致中小企业在数字化转型过程中面临严重的资金短缺问题，使得转型的完成变得困难重重。为了应对这一挑战，中小企业需要积极寻求多元化的融资渠道。它们可以与风险投资家、天使投资者等建立合作关系，共同探索数字化转型的机遇；同时，也可以积极寻找合作伙伴，共同分担数字化转型的成本和风险。此外，政府和金融机构也应积极行动，为中小企业提供更有力的支持。政府可以简化融资流程，降低融资门槛，使更多中小企业能够便捷地获得资金支持；同时，金融机构也可以推出更多针对中小企业的金融产品，提供多样化的融资服务。

(二) 数字化转型人才储备不足

数字化转型需要拥有数字化专业知识和技能的人才。面对数字化浪潮，跨领域、综合素质的数字化人才极度稀缺，数字化人才不足表现在两个方面。首先，现有的人才库未能适应快速发展的产业数字化需求。其次，高校培养的数字化人才滞后，无法满足市场的增量需求。中小企业在招聘数字化人才方面面临挑战，通常难以吸引高质量的数字化人才，这对中小企业的数字化转型构成制约。

实现中小企业的数字化转型并非一项简单的任务，需要各个部门和层级数字技术专业人才和高级管理人员的全力支持。数字化转型对员工和管理者的技术技能与概念技能提出了严格要求。企业想要建立数字化平台，就必须在数字化平台的前期投入大量资金和技术人才，这将增加企业的负担。然而，中小企业常常面临人才短缺、资金匮乏、创新力不足、发展空间受限等问题，这些都会影响数字化平台的建设进程，导致数字化转型难以实现。

与大型企业相比，中小企业缺乏完善的培训机制，导致难以为员工提供系统和专业的培训，致使许多优秀的技术人才和高级管理人员无法获得施展才能的机会，严重制约了中小企业的数字化转型，并制约其发展。

为了解决人才短缺问题，中小企业可以考虑采取以下措施：第一，建立人才培训计划，为员工提供数字化技能培训和继续教育机会；第二，合作或建立联盟，与高校和研究机构合作，以获取数字化人才资源；第三，提高薪资待遇，提供吸引和留住数字化人才的激励措施；第四，制订计划，吸引和留住数字化高级管理人员，以确保数字化转型得以顺利进行。通过这些措施，中小企业可以更好地满足数字化转型的人才需求，促进数字化转型的成功实施。

（三）竞争力与安全性

盈利能力和数据安全是企业数字化转型中的关键问题，对中小企业尤为重要。

首先，企业的盈利能力至关重要。无论企业采用什么样的数字化转型策略，最终的目标都是增加盈利。数字化转型不应仅视为一项技术投资，而应视为扩大业务，创新产品以获取更多利润的手段。但中小企业常常面临盈利能力有限的挑战，因为数字化转型需要投入资金和时间，可能会在短期内导致成本上升，且收益在一段时间后才会显现，这种不确定的回报周期可能会阻碍企业的数字化转型进程。因此，管理者需要认识到数字化转型的长期价值，并有信心应对短期挑战，以便在未来获得更大的利润。

其次，数据安全。随着信息时代科技的飞速发展，数据的安全性至关重要。中小企业在数字化转型过程中不仅需要处理大量敏感商业数据，还要应对数据窃取和网络攻击等风险。这些数据资产包括采购、生产、研发、销售数据及商业机密等，都是企业的核心资产，中小企业必须采取有效措施来保护这些数据免受威胁，以确保其完整性和机密性，包括加强网络安全、定期备份数据、培训员工如何处理数据及遵守数据隐私法规。同时，中小企业还可以考虑与专业的数据安全公司合作，以增强其数据安全性。

数字化转型是中小企业的未来，但需要管理者谨慎权衡风险和回报，以确保数字化转型的盈利性及数据安全是关键，它们需要得到高度的关注和持续的投入，以确保企业在数字化时代持续繁荣。

二、中小企业数字化转型实现的路径

中小企业数字化转型涉及企业的政策制度、人才管理、专业认知、技术基础等方面，要利用外部条件与自身联合，通过政府、企业和其他相关方的共同努力，以加快推动企业的数字化转型与升级。

（一）发挥政策引导作用

为了应对中小企业面临的新挑战，工业和信息化部于2023年1月发布了《助力中小微企业稳增长调结构强能力若干措施》，明确了“科技成果赋智”“质量标准品牌赋值”及“数字化赋能”中小企业的战略方向。此外，还发布了《中小企业数字化水平评测指标（2022年版）》和《中小企业数字化转型指南》旨在引导企业明确转型方向，为企业提供数字化转型的顶层设计。政府还在财政支持方面采取了措施，为中小企业数字化转型试点工作提供资金支持，以引领更多社会资源支持中小企业数字化转型。这些政策和举措不仅为中小企业数字化转型提供了方向和政策支持，还创造了良好的政策环境。

（二）人才引进与培养

中小企业数字化转型需要大量数字化人才。政府鼓励高等院校和职业技术学院开设数字化转型相关专业，以满足企业对数字化人才的需求。同时，建立多层次的数字化转型人才培养体系，引导创新学科建设，加强数字化转型人才储备。此外，中小企业还可以加强内部培训，为员工提供数字化转型的学习和培训机会。与成功实施数字化转型的企业合作，分享经验，派员工参加培训，以加速数字化转型的过程。

政府通过优化人才政策和教育体系改革，能够为中小企业在数字化转型道路上吸引和培养宝贵的数字化人才提供有力支持。中小企业在推动数字化转型时，面临的最大挑战之一是缺乏综合型数字化人才。这类人才不仅需要高层管理人员具备战略眼光和领导才能，还需要专业技术人员掌握先进技术和创新能力。为了解决这个问题，中小企业可以从内部选拔具备潜力的员工进行深入学习和培训，激发他们的积极性和动力。同时，企业还应关注员工的生活、身体和环境需求，让员工感受到企业的关怀和支持，从而激发其创新精神和创造力。

只有在良好的环境下，员工才能够给企业创造出更多财富。中小企业也可以对外招聘优秀的有能力的技术人员，但由于中小企业自身发展的局限性，对外引进人才是一个不容易的方案。所以，中小企业应将培养重心放在内部员工的身上，加强对员工的培训和关心，同时与数字化转型取得成功的企业合作，分享经验，派员工去学习、借鉴，这不仅能够共同实现企业数字化转型，还能够培养出适合企业发展的数字化人才。

（三）提供资金支持

数字化转型会增加成本费用的投入，但中小企业自身的资金处于紧张状态，还面临筹资难的问题，所以需要为中小企业实现数字化转型提供更多资金支持，引进金融机构的资金，拓宽融资渠道。政府可通过财政补贴支持数字化服务商，为企业提供稳定的现金流，减轻资金压力，鼓励企业增加数字化转型的投资。此外，政府还应鼓励金融机构推出数字化转型专项贷款等金融产品，以满足中小企业在数字化设备更新和服务采购方面的中长期资金需求。政府的政策和金融机构的支持，可以协助中小企业克服数字化转型中的资金困难。

（四）为客户提供优质的个性化服务

企业的产品服务最终要落实到用户身上，每一个客户都是产品的最终代言人，客户有好的体验是对产品或服务质量的肯定。随着社会的不断发展，人们对生活水平、生活质量的要求越来越高，越来越多的人追求个性化的产品和服务。在大数据时代背景下，企业能够通过大数据收集信息，精准地分析用户的喜好，更好地确定客户的需求、满足客户的需求。一个有特色的产品和服务不仅能够吸引消费者的眼球、促进企业的销售，还能够彰显企业的品牌特色。优质的产品和服务可以提高用户的满意度，帮助企业赢得客户的信任，从而提高客户对产品的黏性，保持客户的消费潜力，提高企业的经济收益。

在竞争激烈的市场中，提供优质的个性化服务可以帮助企业在众多竞争对手中脱颖而出，获得竞争优势，使中小企业不断提高自身的市场地位及竞争力，最终得到发展的转型与升级。

第五章　数字化转型推动中小企业高质量发展研究

第一节　高质量发展的内涵与原则

一、高质量发展的内涵

高质量发展涵盖经济社会发展的每一个领域。如经济、社会、文化、生态等各领域都要满足高质量发展的要求。

高质量发展主要表现为以下几个特征。

一是高效益。高质量发展的一个重要特征就是高效益，即投入少产出多，污染少、浪费少、资源利用效率高。要想达到高效益的目标，就要提高各行各业的核心竞争力，比如我国发展农业农村，全面推进乡村振兴，核心在于提高农业质量效益和竞争力。

二是高水平。人们的收入在稳步增长，基本公共服务正迈向更均等化的水平，城乡区域发展与居民生活水平之间的差距也在逐渐缩小。公民的道德水平得到提升，高质量的文化产品逐渐增多，公共文化服务的质量也在提高。而“实行高水平对外开放”则意味着我们将以更开放的态度，在更广泛的领域、更深入的层次参与国际合作，追求互利共赢的目标。

三是高协调。产业结构优化，经济社会发展布局空间结构合理，区域经济发展均衡等。要优化国土空间布局，推进区域协调发展和新型城镇化。

四是高科技。我国高质量经济社会发展，需要高科技做支撑，需要自己掌握前沿技术。因此，必须提升创新能力、激发创新活力，突破关键核心技术，全面提升全要素生产力，摆脱受制于人的被动状态，为高质量发展奠定坚实的基础。

二、实现高质量发展必须遵循的基本原则

高质量发展是一个巨大的系统工程，涉及经济、政治、文化、社会和生

态各个领域，贯穿实现中华民族伟大复兴全过程，只有坚持党的十九届五中全会提出的基本原则，才能实现高质量发展。

第一，坚持党的全面领导和坚持以人民为中心是实现高质量发展的根本保证。高质量发展是一个艰巨的系统工程，只有坚持党的全面领导，坚持以人民为中心，才能保障高质量发展的正确航向，才能团结全党全国各族人民一心一意谋高质量发展，才能调动一切积极因素、战胜各种艰难险阻，实现高质量发展，全面建成社会主义现代化强国。

第二，坚持新发展理念是实现高质量发展的根本指针。新发展理念是管全局、管根本、管长远的战略性思想，具有战略性、纲领性和引领性。在“十四五”和今后很长时期内，高质量发展全过程和各领域只有贯彻落实新发展理念，才能解决高质量发展过程中的动力不足问题、不平衡问题、人与自然冲突问题、国内外联动问题和社会公平正义问题。

第三，坚持全面深化改革为高质量发展提供制度保障。我国已转向高质量发展阶段，但重点领域关键环节改革任务仍然艰巨，只有通过深化改革，打破一些体制机制性障碍和利益藩篱，才能坚持和完善社会主义基本经济制度、政治制度、文化制度、社会制度和生态文明制度，才能深化供给侧结构性改革，建立和完善鼓励创新、提升效率的制度体系，为高质量发展提供长远稳定的制度保障。

第四，坚持系统观念提升高质量发展整体效能。系统观念是具有基础性的思想和工作方法。系统观念主张整体思维，关注系统内外联系和系统要素之间的关系。高质量发展作为一个系统工程，必须用系统性思维对高质量发展进行全局性谋划、战略性布局和整体性推进，统筹改革与稳定、数量和质量、公平与效率、平衡与不平衡、国内与国际、中央与地方等系统之间和要素之间的关系，主张全国一盘棋，抓住重点、带动全局，整体推进高质量发展，使高质量发展实现整体效能最大化。

第二节　数字化转型推动中小企业高质量发展的理论逻辑

一、数字化变革推动中小企业高质量发展的理论基础

数字化变革深刻重塑了资料生产、资源配置、组织运行、市场商业及企业治理模式。中小企业数字化变革是经济社会发展的全面革新，涉及生产力和生产关系，为全产业链和供应链韧性注入了活力，推动企业实现质量、效率及动力的全面革新，是建设现代化经济体系、驱动经济高质量发展的重要基石。

中小企业在经历大量涌现、地位认可、国际探索、转型升级的发展变迁后，开始步入数字化变革下的高质量发展阶段。数字技术的发展以及环境政策的变迁使中小企业面临前所未有的挑战，并基于价值和效率导向对中小企业提出高质量发展要求，我国数字化变革推动中小企业高质量发展的创新模式和路径亦独具特色。

数字化驱动的中小企业高质量发展，使中小企业高质量发展情境由传统技术范式向数字化新技术范式跃迁。在这个过程中，与中小企业相关的技术范式和经济范式将协同发生转变。中小企业数字化变革的三个关键要素是数字技术、数字应用和数字治理，在新运行范式下需要聚焦这三个关键要素，以数字技术为要素催生中小企业高质量发展的动力机制，以数字应用为载体赋能中小企业技术轨道跃迁，以数字治理为模式构建关键变量组态。数字化背景下中小企业高质量发展过程，是包括中小企业管理体制、服务体系，中小企业政策以及中小企业自身的组织、管理、技能等在内的数字化技术体系构建，及与该新技术范式相匹配的新的经济范式形成过程。

根据资源基础理论和交易成本理论的观点，企业的生存需要从外部环境中获取资源，必须与周围环境相互依存、相互作用，只有这样，才能实现长久发展。而传统产业中小企业的交易行为往往存在较高的交易成本，包括搜寻成本、信息成本、议价成本、决策成本、监督成本和违约成本等。数字化变革能否通过资源效应和成本效应助力传统中小企业转型升级值得深入研究。同行企业、上下游企业、产业链企业等构成了企业复杂的社会网络，而数字化变革可能彻底颠覆现有社会网络关系，重塑社会分工与知识学习方

式，推动传统产业供应链和产业集群中小企业转型升级。

数字化变革推动新兴产业中小企业创新发展的理论机制不同于传统产业。一方面，内生的技术进步是保证经济持续增长的决定因素，经济可以不依赖外力推动而实现持续增长。数字化变革作为一项技术革新，有助于促进资本、劳动、土地和数据要素的高效耦合，打通技术创新全流程，实现新兴产业中小企业技术驱动的内生增长。另一方面，创新活动一般需要经历了解阶段、兴趣阶段、评估阶段、试验阶段和采纳阶段，数字技术赋能能够大幅拓宽社会系统中各成员之间的知识传播渠道，最大化提升创新的便利性、兼容性、复杂性、可靠性和可感知性。

数字化变革可能会加速“专精特新”企业研发技术体系形成，提升技术创新能力；亦可能发挥信息价值效应，降低企业外部融资成本，缓解“专精特新”企业融资困境，提升融资能力。从组织治理体系完备性视角来看，人力资本和知识资本是实现知识创造的基本要素，工匠精神文化和隐性知识积累是“专精特新”企业不同于其他中小企业的最核心特征。数字化变革不仅通过“机器换人”的溢出效应提升员工专业性和技能水平，而且有助于将内隐化知识显性化，通过组织学习提高隐性知识积累水平。数字化变革加快了创新知识传播效率，有效提升了“专精特新”企业的内外部多维融通创新能力，有助于重构企业创新生态。

二、数字化变革推动中小企业高质量发展的动力机制和赋能机制

遵循从外部到内部、从宏观到微观的分析框架，我们可深入探究数字化变革如何驱动中小企业实现高质量发展的动力机制。外部动力机制涵盖五个方面：其一，竞争格局的演变，特别是全球价值链的重构；其二，劳动就业与分工的变革，打破了传统劳动分工的局限；其三，地区资源配置的优化，涉及结构性的调整过程；其四，是产业结构的升级，由传统产业向新兴业态转型；其五，是政府的推动力量，特别是在国家战略层面推动数字经济的发展。内部动力机制则包括四个方面：一是企业治理的完善，包括内部治理和外部监督机制的强化；二是技术准备的充分性，特别是 AI 和新一代技术的快速发展；三是运营效率的提高，如全要素生产率的提高和成本黏性的降低；四是商业模式的创新，颠覆了传统的商业模式。这些动力机制共同推

动了中小企业在数字化变革中实现高质量发展。

基于数字化赋能视角，可以重点关注数字化变革推动中小企业高质量发展的赋能机制。结构赋能聚焦于提升客观外部条件赋予行动力量，强调通过数字化技术改善并重构商业模式和组织模式，以消除结构性障碍，提高组织柔性与反应速度；资源赋能主要通过各种政策、渠道提高中小企业资源获取的便利性，重构资本模式和创新模式，实现多个组织之间的资源协作与创新。以结构赋能和资源赋能为基础，心理赋能侧重于改善社会心理，内在激励或个人主观解释，促使员工及其他利益相关者改善心智模式，从而提高自身技能与管理能力。

世界各国工业化和数字化不同的历史条件和要素禀赋，塑造了不同国家各具特色的中小企业数字化变革模式，如德国企业擅长积累性集成创新和渐进创新；日本企业受益于从模仿创新到合作创新的飞跃；美国企业则是开放式创新和突破性创新并举。虽然各国利用数字化推动中小企业发展的主导逻辑不同，但都为我国中小企业数字化变革提供了有益借鉴。

第三节　数字化转型推动中小企业高质量发展的挑战与机遇

本节以制造业为例，以阐明数字化转型为中小企业发展所带来的机遇与挑战。

一、数字化转型推动制造企业高质量发展面临的挑战

当前，市场环境日趋复杂，不稳定性与不确定性激增。为保持自身活力，实现高质量发展目标，制造企业必须顺应变化、积极开展数字化转型，以谋求经济效益、社会效益与环境效益等方面的多重突破。然而，正如诸多研究所提及、实践所表明的，失败普遍存在于制造企业的数字化转型过程中，制造企业实现数字化转型面临严峻挑战。

（一）人才储备不足

未能充分认识数字化转型的必要性，是制造企业数字化转型困难甚至

失败的关键原因之一，该问题的本质是企业人才发展与专业性储备不足。制造企业在数字化转型过程中人才储备方面的问题主要表现为相关培训缺失，包含专业层面的培训和认知层面的培训。在专业层面，从国内制造行业人才梯队的角度来看，传统领域的人才较多，但数字专业领域的人才相对较少，且大部分制造企业内部的培训体系和课程内容相对传统，对数字知识涉及较少。数字专业化人才培育能力弱，造成制造企业数字化转型支持人才的缺乏，难以落实新一代数字技术与制造企业生产、经营、创新等各个环节深度融合，影响企业的数字化建设。因此，缺乏高素质的数字复合人才对制造企业数字化转型构成重要制约。

数字化变革不仅限于技术升级，更是一场涉及理念、战略等多个方面的全面革新。在组织环境中，当面对变革时，若组织认为改变的潜在收益未能超越现有收益，便会倾向于强化当前的发展路径，而减少对其他备选路径的考虑，这形成了对既有路径的强烈依赖。在此背景下，缺乏领导层的坚定支持或员工对变革的抵触，都可以被视为组织内部成员（领导与员工）对当前路径的过度依赖。其本质在于相关人员对数字化转型认知的不足以及对数字化转型可能为制造企业带来的全面效益缺乏深刻理解。推动制造企业的数字化转型，关键在于激发组织内部人员的思维与认知变革，促使他们形成更加准确、客观的现实判断。企业的数字化转型，其本质在于人的转型——只有当每个成员都深刻理解并接受这一变革时，数字化转型才能真正落地生根，为企业带来持续的竞争优势。

此外，变化和无常是数字时代越发深邃的底色，如何有效地适应变化、提升人才质量，支持企业的数字化转型和进一步地实现高质量发展目标，是制造企业必须应对的经营与管理难题。

（二）转型路径不明

不清楚如何进行数字化转型，即转型的路径不明是制造企业数字化转型失败的又一关键原因。“数据”是制造企业数字化转型的关键要素，对数据的掌控和应用，构成了企业数字化转型的核心路径，而这将涉及以下两个方面。

1. 制造企业对数据资源的重要性缺乏准确认知

大量制造企业仍然更多地关注传统的人力和资本要素，相对忽略了数据资源。制造企业由生产到销售的链路中虽有数据沉淀，但分散在不同系统中，且普遍存在数据大量缺失、颗粒度粗、口径不一致等问题，数据资源无法集中和有效应用，难以准确满足制造企业的数字化转型需求。另外，许多制造企业在进行数字化转型时会处于停滞不前的"试点炼狱"阶段。对大多数制造企业而言，超越试点阶段是很大的挑战。原因在于制造企业为节省改造和时间成本，往往很少对自身特点进行系统分析，而是机械模仿既有模式、简单拼凑尖端技术，实际匹配度不足，且对于试点中出现的问题，大多仅按照生产或研发所需开展即时改造，而不是进行系统的复盘，从而导致制造企业难以把握数字资源全局，支持自身数字化转型升级。

2. 数据使用方面存在不足

制造企业数字化起步相对较晚，且对数据的应用多为简单的数据采集、统计和对比，在进一步的挖潜方面还很不足。此外，由于缺乏具体的相关实践指引，制造企业难以将数据分析方法与实际业务场景相结合，无法充分发挥数据价值，而这一价值论证的缺失或滞后将降低组织内部人员对数据价值的预期判断、消解员工主动推进数字化转型的积极性，阻碍企业数字化转型的推进。

（三）创新生态欠缺

创新是构建企业竞争优势、进一步支持企业高质量发展的核心动力。创新生态是创新 3.0 时代的显著特征，强调创新应当遵循生物学规律，着重有机性、系统性及局域协同性培育。制造企业的数字化转型是一项覆盖全产业链的系统性创新工程，创新生态的欠缺是制造企业数字化转型面对的重要挑战。

1. 自主创新能力有待进一步加强

我国制造企业的整体创新能力不足，创新投入相对较弱、研发实力仍需加强，且缺少原创数字技术成果。此外，与企业数字化发展、数字化生产等相关的大量核心技术和关键部件主要依赖进口，国内厂商供给质量相较国际先进水平仍存在一定差距。这制约了我国制造企业数字化转型和高质量发展。

2. 缺乏系统性的工业互联网平台

工业互联网平台本应深度支持制造企业的数字化转型，然而，由于当前工业设备接口协议种类繁多、数据安全和所有权归属不明确等难题，导致数据资源的完整性和有效性采集受到阻碍。这种困境不仅制约了工业互联网平台的系统化建设和高效能应用，也使得众多制造企业难以充分享受到工业互联网平台带来的支持。因此，这些因素进一步影响了制造企业的创新能力和数字化转型升级的进程。

二、数字化转型推动制造企业高质量发展的机遇

推进制造企业的数字化转型，将进一步支持其获得经济、社会、环境方面的效益，实现高质量发展目标。解决企业在数字化转型过程中普遍面临的人才储备不足、转型路径不明等挑战和难题，是企业高质量发展的机遇。

（一）建立适应性学习机制

适应性学习是适应性管理思维下的组织学习模式。适应性管理指“依据系统的先验知识和后续实践制订管理决策和计划，然后按照计划具体推行，以便更好地适应外部环境、应用内部资源的管理模式，被认为是企业与情境的动态均衡”①。组织学习主要包含探索式学习和利用式学习，能够帮助组织更加高质高效地获取保留和应用知识，支持企业持续发展和获得竞争优势。

将适应性与企业学习相结合。建成良好的适应性学习机制，是推进制造企业数字化转型的重要思路。组织相关人员，充分学习来自行业内外的先进数字实践、技术经验、管理知识等，可以强化相关人员的数字认知和专业素养，使其能够作出有关企业数字化转型的判断并提供相应支持。运用适应性管理思维，可以增强企业对现实环境和变化趋势等发展要素的客观感知，深刻影响组织中个体的思考、动机及相关行为，以改善企业学习环境的适应性。此外，还可将适应性管理理念融入组织结构设计与产品生产等方面，依托数字资源开展适应性创新与技术创新，包括建设网格组织与迭代创新机制，进一步提升企业追赶变化和抵御动荡的能力，以推进企业的数字化建设

① 刘意，谢康，邓弘林.数据驱动的产品研发转型：组织惯例适应性变革视角的案例研究 [J].管理世界，2020(3)：164−183.

与高质量发展。

（二）培育数字孪生体工具

数字孪生是通过虚拟场景实时地反映和预测物理场景，从而优化和改善现实中的生产制造方式。面对制造企业转型路径不明的重要挑战，应用适应性学习机制能提升对企业有关数据资源的认知。达成数字资源完善收集与高质量应用的认知前提，是进一步利用数字孪生技术，建立数字孪生体工具，将制造企业的产品等实体与高精度的数字孪生体连接起来，实现多领域、多尺度的融合建模，支持制造企业有效预测数字化转型和运营过程中可能出现的问题，并模拟出最为经济的解决方案，推进企业高水平、可实践的数字化转型系统方案的设计。

具体来看，以制造企业的产品为例，数字孪生技术的应用在多个阶段都展现出显著优势。在产品设计阶段，通过构建数字孪生体，可以建立起产品状态与数字孪生系统之间的全面映射，这有助于企业精准解析和及时修正设计中的潜在问题，从而在源头上实现成本的有效节约。进入产品制造阶段，数字孪生技术能够构建出全生产线的数字孪生模型，实现加工全过程的实时监控与远程控制。这一技术能够精确模拟生产线的运行状态，通过数字孪生体将生产状态实时反馈给监控端，并利用数据分析对生产状况进行精准处理，从而显著提升生产效能，并降低生产过程中的损耗。在产品维护阶段，持续应用数字孪生体工具能够准确预测产品在使用过程中可能出现的关键问题，并据此进行及时的改进和完善。这不仅有助于进一步提升产品品质，还能有效降低售后成本，避免不必要的损失。通过将包括产品在内的多个关键子系统映射于制造企业的数字孪生体，制造企业能够更好地实现数字化转型的有效落地。

（三）构建创新型产业生态

回应制造企业数字化转型过程中创新生态欠缺的问题，应当由政府或行业协会主导，关注技术创新、工业互联网平台建设、产业价值链协同三项子命题。

1. 推动关键技术研发与产业化

关键核心技术是制造企业竞争力和发展安全感的重要来源。在全球经济环境发生重大变化的格局下，政府与行业组织应当引导制造企业加大自主创新力度，深入推进关键共性技术与关键核心技术的攻坚和产业化，进一步落实服务于国家和行业、自主可控的关键共性技术平台和关键核心技术体系建设，充分发挥企业的经济和社会效益；同时，落实发展绿色理念，推动绿色关键核心技术建设支持制造企业的环境效益创造，持续推动我国制造业与制造企业效率优化与高质量建设。

2. 做大做强工业互联网平台

国家与地方政府应当结合实际，重点实施工业互联网重大专项工程，依托行业协会、大型互联网企业等单位，优先建设一批开放共享的工业互联网基础性平台。在此基础上推进制造行业数据的采集和应用，助力制造企业有效获取和应用多源点的数据资源，通过内外部资源，推进企业的数字化转型和经济、社会的各项效益提升，进一步深入落实企业的高质量发展目标。

3. 构建产业价值链协同创新格局

一是发展产学研协同创新机制。充分发挥高校、科研院所在专业领域的资源与创新优势，以制造企业为主体，在政府支持下，完善各主体协同机制，通过共商、共建、共享等模式，实行多单位的数字技术创新积累和转化，重点提升制造企业的经济与社会效益，支持中小制造企业的数字化转型和高质量发展。

二是充分发挥头部企业引领作用，集中资源打造数字化转型标杆，让中小企业在数字化转型中少走弯路、降低风险，创造效益。在数字化转型领头羊的引领和带动下，制造企业可以从个体创新上升到产业协同创新，从个体的数字化转型上升到产业链协同转型，实现产业链层面的数字化共进并进一步推进创新型产业生态建设，向生态成员提供稳定支持，给予其更强信息通信基础及抵御变化的能力，促进生态系统内各主体经济、社会与环境效益的全方位提升，支持生态系统和包括制造企业在内的各生态参与者共同迈向高质量发展。

第四节　中小企业高质量发展的国际经验与中国借鉴

一、世界范围内支持中小企业发展的历史逻辑：对政府与市场关系认识的变迁

中小企业与市场发展相伴相生和相互强化。然而，受发展阶段的限制以及对市场规律认识的变化，各国对中小企业的认识也经历了一个漫长的发展过程。总体来看，主要发达国家对中小企业的认识经历了“自由放任—抑制发展—支持促进”的演化路径。

(一)自由放任条件下的中小企业自由发展

在前工业化和工业化早期阶段，受原始积累、技术条件、市场范围、交通运输条件等因素的影响，大企业尚未发展起来，中小企业总体规模较小，处于“自然状态”的中小企业是促进经济发展的重要力量，对中小企业的认识事实上等同于对“自由经济”发展的认识。

在这一时期，古典自由主义思潮盛行，强调个人财产权的神圣不可侵犯和完美自由市场经济的理念，导致政府在经济活动中采取了一种非干预的态度。对于中小企业的发展，政府同样秉持着自由放任的总体思路，让中小企业与较大规模企业在一个相对“荒芜”的市场环境中自由生长、相互竞争。然而，与欧美前工业时代对小企业的普遍关注不同，日本的传统重农文化决定了中小企业特别是商业企业，在日本经济体系中并未获得足够的重视。农业生产作为传统日本社会的主要经济支柱，使得以个体户和小型商贸企业为代表的中小企业在整个经济系统中的比重相对较低。此外，在农业社会主导的经济体系下，这些中小企业也受到了一定程度的抑制。

(二)政府支持大企业发展背景下的中小企业快速涌现但发展受限

工业化的发展，尤其是第二次工业革命在全球范围内的“大爆发”，电力和内燃机技术促进了冶金、石化、钢铁等重化工业以及相关产业(如汽车制造、飞机制造等)的快速发展，特定的技术经济条件需要特定的组织和运营模式来适应，规模经济也就成为企业获取竞争优势的重要来源。在此背景

下，大企业，尤其是重化工业、制造业等行业的大企业优势凸显，支持和推动大企业成为国家经济政策的优先原则。与此同时，在西方国家完成全球“大殖民”之后，殖民国家主导的全球大市场进一步强化了大企业规模经济优势。中小企业尽管未被政策所抑制，但在大企业“野”成长和竞争下，中小企业发展空间受到挤压。

受这一阶段国家干预自由主义的影响，在倡导“积极”的自由和责任型政府思维指引下，国家通过税收来干预经济和调控市场，在政府加大对大型企业扶持以及促进企业兼并收购下，中小企业发展受到显著影响，中小企业“附庸”大企业的特征显著。但是，中小企业也可发挥其灵活性和适应性优势以迅速响应并适应外部环境的变化，一方面，中小企业迅速转向为大企业提供配套；另一方面，中小企业集中在大企业不具备优势的利基市场通过专业化定位逐步发展成为“隐形冠军”，中小企业在数量和质量上依然呈现快速的发展态势。尽管中小企业依然保持顽强的成长，但在很多领域的发展受到大企业的影响，如在零售业，随着百货商店、连锁超市的发展，大量分散的零售商店受到致命的打击。中小企业在面临大企业竞争中的“失败”问题开始得以关注。

（三）政府支持下的中小企业蓬勃发展

第二次世界大战以后，尤其是进入第三次工业革命以来，跨国企业的高速发展态势与全球化相辅相成。与之相对应的是，中小企业以其灵活性优势在全球范围内以更为迅猛的态势快速发展，其在经济社会发展中的地位被重新审视。与此同时，新自由主义取代传统无限制的古典自由和政府干预的自由主义成为社会的主导思想，其基本思想来源于自启蒙运动以来一直在维系和滋养着自由主义传统的那些内容，其主张对经济社会生活的选择性和有效性干预，尤其注重以政府力量解决“市场失灵”问题。与此同时，在大企业迅速成长的同时，中小企业在一些领域的“溃败”引发了政策制定者对中小企业的关注。此外，随着中小企业的经济和社会功能逐步被发现和认识，各国开始重视中小企业的发展。在此背景下，政府开始认识到支持和援助中小企业的现实价值，并形成一系列有效的政策举措，营造公平市场环境、设立专门管理机构，出台相关的法律制度等，这为中小企业发展营造了前所未有的支持环境。

二、各国中小企业发展的整体支持框架

随着认识的不断深化，各国形成支持中小企业发展的立法基础、机构支撑和社会参与的整体架构，这也成为当前各国支持中小企业发展的共同选择。

（一）健全法律体系，为支持中小企业发展提供法律依据

根据市场增进论的基本观点，中小企业往往被认为在竞争力上相对较弱。为了增强中小企业的竞争力，各国从制定基本法到构建一系列配套规范，形成了全方位的中小企业发展政策支持体系。美国作为主要资本主义国家之一，较早地认识到中小企业的重要性，并制定了小企业基本法。随着经济发展的需要，美国不断调整政策导向，从早期的反垄断政策逐渐转向积极促进小企业的创新发展，这为美国实施科技创新强国战略奠定了坚实的微观基础。以 1953 年出台的《小企业法》为基础，联邦政府进一步出台了《机会均等法》等多部专项法案，旨在为中小企业创造公平的市场环境，提供更多的政府订单，并强化创新投入，从而为其发展营造良好的制度环境。日本在支持中小企业发展方面也发挥了政府的积极作用，其系统性支持措施成为各国学习的典范。在第二次世界大战以后的经济重建过程中，日本就开始了中小企业的立法工作，将支持中小企业的政策与国家整体经济目标紧密结合。早在 1948 年，日本就颁布了《中小企业设置法》，随后在 1963 年，基于这一法律，更新并颁布了《中小企业基本法》，它成为指导中小企业各类政策的纲领性文件。

中小企业转型，政策重点鼓励风投公司和高科技企业的创立。从各国支持中小企业发展的法律体系建设实践来看，出台专项基本法的“普适性选择”是基本前提，而在此过程中出台反垄断法则为中小企业公平参与市场竞争提供了“侧翼上的保障”，各类专门法的出台则着重关注中小企业发展中的特定问题，政府根据经济社会发展的现实需要，不断优化和完善支持中小企业发展的法律体系。

(二) 成立专门机构，有效支撑中小企业发展

为促进中小企业多重价值的发挥，主要发达国家都从国家和地方层面设置了专门的行政管理机构，为中小企业市场进入、创业、融资、管理咨询等提供全方位的支持。美国早在1932年胡佛总统任职期间就组建了“重建金融公司”用于支持大萧条时期的美国企业，并在20世纪40年代初成立了隶属于国会的众议院小企业委员会（成立于1941年，1975年后成为常设委员会），隶属于白宫的小企业会议和隶属于联邦政府的小企业管理局（成立于1953年），这些共同构成了美国联邦政府支持小企业发展的基本政府框架。

日本建立了较为完善的中央和地方政府有序衔接的中小企业行政管理体系，经济产业省中小企业厅负责培育和发展中小企业。具体来看，中小企业厅主要负责制订中小企业培育和发展的计划及政策，以促进中小企业经营管理的改善，支持企业开办促进交易便利化，保障平等商业机会的获得，促进稳定经营，促进融资便利化、培训、交流、咨询、投诉、国际合作等事务。同时，地方设中小企业指导科，隶属商工科，另有官员和专家组成的中小企业政策审议会，从国家到地方层面的中小企业管理机构为日本中小企业发展提供了强大的智力支持。

德国对中小企业的管理分散在联邦政府以及州政府的不同部门，主要集中在联邦经济技术部内的中小企业局及其在各州设立的分局，联邦政府的财政部、科技部以及联邦卡特尔局也各自成立专门服务中小企业的机构，共同支持德国中小企业发展。

通过设立中央及地方各级管理机构，各国实现了对中小企业发展的有效指导和管理，不同国家的管理机构在部门设置和权力分配中有所差异，但对于帮助和指导中小企业获取资金和人才，指导中小企业提高经营管理水平等方面均发挥了重要作用。

(三) 注重社会参与，多方协同支持中小企业发展

中小企业的规模属性往往成为其资源劣势的主要根源，因此，外部支持对于缓解这种劣势、保障其生存与发展显得尤为重要。社会支持不仅能够有效避免政府直接干预可能带来的市场资源配置“扭曲”，还能纠正市场

“失灵”的问题。基于“市场增进论”和专业化分工理论，各国纷纷涌现出众多中小企业服务机构，这些机构通过提供公益性支持或参与市场化交易，为中小企业的成长与发展带来了新的思路和方法。

三、各国支持中小企业发展的工作重点与经验借鉴

作为在数量上占据绝对优势的市场主体，中小企业表现出极为多元化的发展特征，不同区域行业、发展阶段的中小企业面临不同的问题。为此，在立法支持、机构支撑和社会参与的条件下，构建普惠性政策与重点政策相结合的精准支持体系也是各国支持中小企业发展的重要内容，相关做法具有重要的借鉴意义。

(一)推动简政放权，为中小企业发展营造良好的营商环境

中小企业是市场机制的最佳实践者，也是完善市场机制的重要推动者。从现实来看，不同国家和地区的市场发育程度决定了中小企业的生存状况。为此，在优化法律制度环境的同时，各国都将营造公平有效的市场环境、防范政府的过度干预作为支持中小企业发展的重要“抓手”，为减轻中小企业负担和减少对中小企业经营活动的干预，美国通过立法确立了政府对中小企业监管的差异化原则。德国政府积极帮助中小企业降低各种成本，对中小企业只开展经营合法性和行业标准审查以尽可能减少对企业经营的干预，并在提高资源和能源效率方面为其提供支持以帮助中小企业降低生产成本。近年来，德国政府一直在简化行政审批制度为企业“减负”，这既有利于推动创业创新，也有效地降低了中小企业的“案牍成本”。德国政府新出台了“一揽子”有关企业“减负”措施，相关措施已进入实施阶段。采取差异化监管方式，不断推动政府机构改革，减轻中小企业负担，这些举措对于我国中小企业发展具有极为重要的现实价值。

在减少政府干预的同时，发达国家普遍将完善市场机制，营造公平的营商环境视为促进中小企业发展的重要举措，其中的核心是通过立法支持公平竞争环境的营造。在支持中小企业发展的初期出台了《谢尔曼法》，不仅开辟了反垄断立法的先河，也为小企业对抗大型托拉斯的垄断提供了法律依据和保障，而之后的《罗宾逊—帕特曼法》《米勒—泰丁法》等为小型零售

商店免于来自规模较大公司的竞争压力提供了保障。德国尽管被视为社会市场经济模式的成功典范，但其在营造公平有序的市场环境方面不遗余力，这在某种程度上奠定了德国中小企业在全球市场获取竞争优势的基础。

(二) 强化创新驱动，支持中小企业创新发展

创新是中小企业的核心要义，这也是各国促进中小企业发展的重要着力点。此外，政府大力支持和帮助小企业降低技术风险，例如，开展 PPP 合作以推动新制造技术的开发、示范、试验，商业化和规模化，建立研发实验平台为新技术的商业化做准备。德国极为重视对中小企业创新的支持，其通过专门的创新支持计划支持中小企业创新发展，并已形成了一整套成熟的运作体系。

(三) 给予政府订单，帮助中小企业获得公平市场机会

在与大企业的激烈竞争中，中小企业常常面临难以获得市场订单的困境。为了支持和促进中小企业的发展，各国纷纷通过立法形式，明确了中小企业在参与政府采购中的强制性比例要求，并对相关程序和具体操作过程进行了详细规定。

美国自颁布《小企业法》以来，就确立了小企业参与政府采购的基本原则，并在此基础上建立了一套完整的法律体系，以支持小企业参与政府采购。这套法律覆盖了政府采购的全过程，从“分配份额”到“设立专门支持机构”，再到“制定明确的实施细则”和“建立监督评价制度”，每个环节都提出了具体的要求。为了进一步加强供应链安全，美国还通过强化采购政策来支持中小企业获取订单，如建立国防小企业项目办公室网站和国防部内部针对中小企业的网站，为中小企业提供一站式服务。

虽然日本没有专门针对中小企业参与政府采购的立法，但在《会计法》和《地方自治法》等法律中，都明确了政府采购的具体要求。此外，日本还通过内阁会议制定了《关于中小企业的国家合同方针》，以确保中小企业能够参与国家公共事业的采购。各级政府需要公开其执行情况，同时完善信息公开机制和质疑机制。政府指定的媒体会公布采购信息，并建立政府采购审查办公室和审查局，以便于对采购过程进行审查和质疑。这些措施为中小企

业在政府采购中争取更多机会提供了有力保障。

（四）强化金融支持，解决中小企业融资困境

在金融市场供需不平衡的“麦克米伦缺口”背景下，中小企业普遍面临融资难和融资贵的挑战。为了解决这一问题，各国纷纷将政策性融资作为市场化融资的重要补充，以满足中小企业在发展过程中的资金需求。

美国凭借其资本市场优势，通过纳斯达克小型资本市场、小额股票挂牌系统和“粉红单”市场，为中小企业提供了便捷的资本交易服务。同时，美国小企业管理局也发挥着关键作用，通过提供一般商业贷款、信用担保和灾害贷款等政策性金融工具，为中小企业发展提供了多样化的资本支持。

日本在解决中小企业融资问题上，采取了多个方面的金融政策。首先，通过政府控制的中小企业金融机构（如中小企业金融公库、国民生活金融公库、工商组合中央金库以及中小企业综合事业团），直接向中小企业提供资金支持。其次，通过遍布全国的信用担保协会和中小企业综合事业团的办事机构，为中小企业提供信用担保服务。最后，还通过中小企业投资育成公司、中小企业投资事业有限责任公司以及中小企业孵化支援事业团等机构，帮助中小企业充实自有资本。

德国则建立了专门发放中小企业信贷的银行机构，主要通过两大政策性银行（德国复兴信贷银行和德国平衡清算银行），牵头实施扶持中小企业融资的政策。这些银行机构为中小企业提供了低成本的融资解决方案，助力其稳健发展。

韩国在支持中小企业发展方面，成立了专司中小企业业务的中小企业银行和国民银行。同时，设立了信用保证基金会和技术信用保证基金，为中小企业提供贷款担保服务，降低其融资门槛和成本。

四、促进我国中小企业高质量发展的政策建议

为中小企业发展营造良好的社会环境、制度环境和市场环境是发达国家促进中小企业发展的根本。在此基础上，各国通过专门的机构和政策支持弥补中小企业在市场竞争中的缺陷，强化重点领域的精准支持，并深化与外部组织和机构的联系和互动，这些经验对进入高质量发展阶段的我国中小企

业发展具有重要的启示与借鉴意义。

(一)深化认识和推进改革，为中小企业发展营造良好环境

在建设创新型国家战略的指引下，特别是当前“大众创业，万众创新”的大好机遇下，根据中共中央、国务院下发的《关于营造企业家健康成长环境弘扬优秀企业家精神更好发挥企业家作用的意见》的要求，为进一步促进企业家健康成长，需要营造良好的法治环境、市场环境和社会氛围。这一战略举措特别强调对中小企业的正确认识以及对其经济社会价值的深刻理解和重视。需要深化认识中小企业在经济社会发展中的重要角色，中小企业是经济的生力军，是创新的重要源泉，它们通过创新满足市场需求，创造就业机会，增加民众收入，对发展实体经济、创造社会财富和促进经济增长起着重要作用。同时，中小企业也是社会稳定的基石，作为吸纳就业的主渠道，有助于缩小区域差距，维持社会和谐稳定，实现贫困地区的脱贫致富。更重要的是，中小企业是人民群众依法参与社会发展和共享发展成果的重要途径，体现了社会的公平与公正，是实现共同富裕的重要力量。

在正确认识中小企业的基础上，要基于近年来中小企业政策制定和实施过程中存在的问题，结合当前中小企业持续经营和转型发展的现实需求，在短期和中长期采取不同的策略。短期内应当以提升中小企业应对外部冲击的能力、推进数字化转型中的现实困难为重点，继续落实支持中小企业发展的相关政策，深化政策的执行力度，强调对已有政策实施成效的评价，确保政策的有效落地。中长期应在新修订的中小企业促进法的指引下，逐步完善优化中小企业相关政策，形成系统、协调、精准的政策体系，助推中小企业在数字经济时代的转型发展，为中小企业在人口结构变化背景下的长期可持续发展创造条件。

与此同时，通过深化政治体制和经济体制改革，以改革转变政府职能，深化简政放权，创新监管方式，增强政府公信力和执行力，通过清理废除妨碍统一市场和公平竞争的各种规定和做法，减少对中小企业发展的干预，激发各类市场主体活力，为中小企业创业和经营创造公平、有序的营商环境。进一步强化对中小企业经营过程中的支持，包括资金供给、订单获取、人才培养、分类管制等相关政策，并进一步完善中小企业的退出和歇业机制，营造“进出自由，经营便利”的市场环境，真正以良好的营商环境支持中小企业高质量发展。

（二）优化支持体系，为中小企业发展贡献力量

强化支持与减少干预往往是一对矛盾体，但对于中小企业来说两者缺一不可，其中的关键是优化对中小企业的支持理念和方式。一方面，支持要更加凸显普惠性，例如，通过普遍的税制改革，给予中小企业更低的税率、更灵活简化的税收申报手续、更长的纳税周期，以推进藏富于民、藏富于企。通过支持中小金融机构和专司中小企业的金融产品开发，以更便捷的融资方式为中小企业提供普惠性金融支持，实现银企互动、银企共赢。另一方面，要体现支持的精准性和问题导向性，尤其是在当前不断深化经济体制改革，推动产业结构升级，在建设现代产业体系的大背景下，要进一步强化对中小企业进入实体经济的支持；通过风险投资等创新方式强化对初创企业的支持，加强对先导产业、新兴产业等符合整体经济发展方向和国家战略的中小企业扶持；将支持政策融入产业政策、区域政策中，以撬动中小企业在产业、区域以及产业链上的流动，以实现国家宏观经济政策的目标。

在扶持过程中，要利用快速发展的数字技术，创新对中小企业和企业主的支持方式，尤其实现精准的融资支持、咨询服务、配套服务等。从各国的扶持手段来看，通过构建完善的组织网络以实现对中小企业的精准支持，这是由中小企业分布广、数量多、差异大等特征决定的。随着“中小企业名录”线上平台的不断完善，中小企业的各类信息被汇总到统一的在线平台上，为准确地了解、分析中小企业的实际需要提供精准服务创造条件；信息技术的快速发展，加速了分布在各大网络平台上的大量创业者、中小企业信用、交易等数据的形成，为更精准地为中小企业提供资金支持奠定了信息基础；各类专业的在线服务平台，为中小企业提供个性化或普适性的咨询服务、外包服务、产业链合作业务；各地在优化营商环境方面也形成支持当地中小企业发展的地方性平台。政府应当引导和扶持这些基于现代信息技术构建起来的中小企业信息和服务平台，引入适应数字时代的治理机制和监督模式，利用数字技术和数字场景为中小企业高质量发展提供精准支持。

（三）注重社会参与，构建中小企业发展命运共同体

中小企业不仅是经济组织，更是社会网络中紧密相连的“节点”。其健康发展依赖于与社会各界的协同互动。随着政府职能的转型和“放管服”改革的深化，政府通过简化行政程序、创新监管方式、优化服务内容，使社会性服务功能得到显著增强，成为推动中小企业在新时代高质量发展的关键力量。然而，我国中小企业在社会服务支持方面仍有较大的提升空间。特别是在促进公益性服务机构与商业性服务机构协同发展、发挥科研院所技术供给和咨询服务优势以及利用社会组织共同支持中小企业等方面，需要付出更多努力。

首先，应注重社会服务机构的能力建设。需结合市场主体的运营模式和特点，创新动力机制和运行模式，有重点、有层次地推进中小企业服务体系建设，涵盖服务主体培育、服务机制形成、服务功能完善、服务队伍建设和服务方式改革等方面。其次，应强化社会服务机构的评价体系。需要更加精准地定位公共性、公益性、商业性和综合性服务机构的职能，构建能够反映中小企业真实需求、服务效能和满意度的多维度评价体系，为中小企业选择合适的服务机构提供有效指引。最后，应给予社会服务机构有效的支持。特别是对公益性机构和综合性机构的公益性业务，应加大财政支持力度；对于商业性服务机构，应基于服务绩效给予更多的税收优惠。同时，探索项目制作为促进中小企业服务资源有效配置和政策落实的重要工具，以激发服务机构的积极性和主动性。

在数字时代的今天，中小企业服务体系的完善应当主动引入和融入数字化，尤其是要加强科研院所和中小企业合作，建设数字化的公益性服务网络。一是在一体化平台中增加公益性人才库模块，可由教育部门和人社部门共建高校科研院所人才信息库，探索对科研人员和企业开放的运营平台建设，探索企业和科研人员直接联系的合作机制。二是建议在科研考核上，鼓励各地创新考核方式，鼓励高校科研院所将科技成果的经济社会价值、科研人员服务经济社会发展的现实价值等纳入评价考核体系中，鼓励高校的多元化发展。三是进一步深化技术人才培养，鼓励学校和企业合作的“干中学”培养模式。四是要前瞻性部署，不仅要为在职科研人员提供服务企业的机

会，更要探索机制发挥离退休专家服务企业的积极作用，以应对老龄化和少子化时代的现实需要。

第五节 数字化转型推动中小企业高质量发展的实践路径

数字化不同的资源配置和运行模式，决定了处于不同产业的中小企业数字化变革在技术范式目标任务和实施路径方面存在明显差异。从传统产业、新兴产业和“专精特新”三种中小企业类型出发，探讨不同类型中小企业数字化变革下的转型升级，创新发展和能力提升，对推动中小企业数字化变革具有重要意义。

首先，促进传统产业转型升级是着力振兴实体经济的重要内容。传统产业中小企业数字化变革是通过深化数字技术在生产、运营和管理等诸多环节的应用实现企业以及产业层面的数字化、网络化、智能化发展，其变革重点在于促进成熟先进技术吸收扩散。

其次，新兴产业是促进经济转型产业结构优化的重要着力点，数字化变革下新兴产业中小企业发展亦是推进经济高质量发展的重要引擎。新兴产业的市场环境和资源积累呈现与传统产业的显著不同，它们对数字化变革的反应和需求也各具特色。从市场环境角度来看，新兴产业所面临的外部不确定性使得这些产业具备了一种与生俱来的强大外部环境响应能力。这种能力使它们在面对数字化技术等新兴力量时，展现出更高的适应度和包容性。在资源积累方面，新兴产业往往缺乏传统产业所拥有的资源禀赋和路径依赖。数字化变革为新兴产业提供了发展跃进的机会窗口，使它们能够借助数字技术的力量，迅速积累资源，实现跨越式发展。

最后，“专精特新”企业在产业基础领域和关键领域需要发挥更为突出的作用，不仅要在主营业务领域做精做细，而且在产业链、价值链延伸方面也承担着重要使命。在数字化变革浪潮下，数字技术应用加速了“专精特新”企业资金链、要素链、业务链和供应链的深度融合，降低了“专精特新”企业获取与整合信息的成本，有效提高了企业创新活跃度和管理效率，有助于实现技术赶超，进而提升企业综合竞争力。

一、数字化变革推动传统产业中小企业转型升级的“点—链—群”路径

随着新一轮科技革命快速兴起，全球产业链布局正在重塑，传统产业中小企业转型升级机遇与挑战并存，推动传统产业转型升级是着力振兴实体经济高质量发展的重要内容。为深入贯彻党中央关于“加快数字化改造，促进传统产业升级”的精神，促进数字技术与实体经济深度融合，赋能传统产业转型升级，催生新产业、新业态、新模式，壮大经济发展新引擎，需要准确把握传统产业中小企业面临的新趋势，明晰发展中存在的短板与问题，剖析数字化变革对传统产业中小企业研发设计、原材料采购、生产制造、仓储物流、营销售后、运营管理、战略制定等方面的影响，探索数字化变革为传统产业中小企业价值链、供应链和产业集群带来的优势，借助数字化变革推动传统产业中小企业转型升级，“点—链—群”路径或许是数字化变革推动传统产业中小企业转型升级的创新路径。

“点”，即数字化变革推动传统产业中小企业产品和服务转型升级，运营效率提高，商业模式转型。传统产业中小企业的数字化变革是指数字技术在企业生产、运营和管理等环节的全面融合，涵盖了组织管理方式、生产管理模式和商业模式等多个方面的变革。为此，需根据企业的生产、运营和战略需求，分析数字化变革如何推动产品和服务的转型升级、运营效率的提高以及商业模式的转变。一是应引导企业实施产品服务系统的数字化转型，通过顶层设计与数字化能力的结合，利用平台获取市场需求信息，提升用户互动，进而推动产品和服务的升级与创新，以满足用户需求。二是针对企业运营管理的关键环节进行数字化赋能，如利用数字技术提升需求预测的准确性，优化产品设计、定价和库存管理，提高供应链绩效管理的效率，从而整体提高运营效率。三是提升企业的数字感知能力和数字化运营能力，提出新的价值定位和价值创造途径，将数字资源和环境机会转化为商业价值，通过数字资源的协同和创新价值创造方式，推动商业模式的转型，以达到降低成本、提高质量和效率的目的。

“链”，即大企业基于数字化管理牵引供应链推动中小企业协同转型升级。一是数字化变革能够提升要素流通对于价值创造的效率和效果，促进企

业内外部实时信息交互高度协同，赋能企业跨界发展，推动企业嵌入所在的价值创造网络。二是价值网络中的大企业数字化变革使其隐性知识从内部加速溢出和扩散，沿产业链、价值链、供应链和技术链延伸。三是链条上的中小企业能够更便捷地获取、加工和利用信息，加速技术模仿与协同创新，最终实现大企业基于数字化管理牵引供应链推动中小企业协同转型升级。

“群”，即数字化变革驱动传统产业集群中小企业高质量发展。可以基于产业集群中小企业数字化变革的集群效应，探求数字化变革驱动传统产业集群中小企业高质量发展路径。产业集群作为一种同群网络，为集群内中小企业提供了一个高效的学习和交流渠道，焦点企业会更新决策并主动模仿和学习同群其他企业的数字化变革战略实践。产业集群利用数字化技术提高数字化治理水平，形成生态化发展，营造良好的数字化变革环境。中小企业利用产业集群良好的数字基础，提高数字化变革水平，最终驱动传统产业集群中小企业高质量发展。

二、数字化变革推动新兴产业中小企业创新发展的“全流程”模式

发展壮大战略性新兴产业，推动战略性新兴产业融合化、集群化、生态化发展。中小企业成长迅速，已逐渐成为抢占新兴产业制高点和推动未来新兴产业发展的重要力量，数字化变革下新兴产业中小企业的创新发展亦是推动经济高质量发展的重要引擎。新兴技术催生新兴产业，新兴产业孕育新兴技术。新兴产业群始终是活跃的市场创新体，同时又缺乏相应的资源禀赋与路径依赖。聚焦数字化变革推动新兴产业中小企业创新发展的“全流程”(中小企业创业，研发体系形成，融资可得性，双元创新决策和创新成果商业化)，为考察数字化驱动新兴产业中小企业创新发展提供新的研究方向。

数字化平台推动新兴产业创业企业大规模涌现。新兴产业中小企业进入市场是其创新发展的前置条件。创业需要机会能力、资源能力及组织能力三者发挥合力。具体而言，“数字化平台及时捕捉政府政策、市场竞争、消费者需求等变化，准确解码市场机会与未来创新方向；数字化技术为新兴产业提供软硬件资源基础，创业企业依托数字技术的关联性获得投资；数字化

平台通过强化组织网络关系，发挥创业协作效能”[①]。由此，新兴产业创业企业得以规模化涌现，并进入市场。

数字化变革为新兴产业中小企业的研发体系建设注入了新动能。一是通过优化研发人才体系，在选聘、培训、培养以及绩效评价等方面发挥作用，使每位研发人才都能充分发挥其才能，为企业研发提供源源不断的动力。二是数字化技术显著推动了研发管理体系的智能化、数字化、科学化、规范化和精细化，提升了研发管理的整体效能。三是数字化变革以数据为核心，打破了产品、研发、运营等组织壁垒，加强了研发过程中的信息互通和组织协同，有效提高了研发效率及成果质量。

数字金融提高了新兴产业中小企业融资可得性。一是数字金融通过改变传统金融市场的博弈关系，倒逼传统金融提高服务质量，缓解信贷配置不均衡现象。二是数字金融通过满足不同地域、不同行业、不同层级企业的融资需求，可以有效提升金融服务的普惠程度及触达能力，弥合新兴产业中小企业长尾市场的融资需求。三是数字金融通过借助信息技术降低由于信息不对称引发的信息收集成本与风险溢价，以达到降低新兴产业中小企业融资成本的目的。

数字化变革推动新兴产业中小企业开放式创新和突破性创新。一方面，数字化变革颠覆了传统的内生发展逻辑与竞合机制，实现了知识流动与共享。同时，数字技术优化了市场契约关系，通过信息流通降低契约成本，加速企业之间的一体化进程，助推开放式创新。另一方面，突破式创新具有天然的风险性，创新决策是企业创新能力和创新意愿合力的结果，数字金融能有效地提高企业的融资可得性。不仅如此，数字技术还可以通过发挥监督机制降低短期逐利动机，驱动企业建立长期价值目标，助力其实现突破式创新。

数字化变革驱动新兴产业中小企业商业化能力提升。企业发展的核心逻辑是价值实现，价值实现的重要途径是创新成果的商业转化。首先，商业化的载体是产品，智能制造通过改变传统的资料生产方式，可以有效提高企业生产能力、产品质量以及产品商业化效率。其次，数字技术借助大数

① 何瑛.数字化变革推动中小企业高质量发展的理论逻辑与实践路径 [J].求索，2023(6)：53–62.

据、智能算法等准确获取用户画像，捕捉消费者需求变化，加速产品更新迭代，促进商业化水平不断跃升。最后，数字技术具有打破时空壁垒，增强交易范围的优势，并通过自媒体等方式催生出多样化的商业模式，丰富商业化途径。

三、数字化变革推动产业基础领域“专精特新”企业能力提升的“五维”路径

随着我国制造业企业在全球价值链中的地位日益提升，一批“专精特新”企业崭露头角，它们在特定细分市场中取得了显著成就，并在“专精特新”产业基础领域扮演了关键角色。这些企业通过长期的科研投入，成功攻克了行业内的技术瓶颈，为产业发展作出了巨大贡献。然而，由于外部环境挑战、资源限制以及创新扩散等因素，我国“专精特新”企业在数量和质量上都面临发展瓶颈。因此，如何全面提升这些企业的核心竞争力，已成为推动中小企业高质量发展的关键议题。为了指导中小企业的发展，中华人民共和国工业和信息化部颁布了《优质中小企业梯度培育管理暂行办法》，为企业的成长提供了明确的指导方向。在数字经济的推动下，一系列数字技术应用如类脑智能、量子信息、未来网络、工业互联网平台以及数据上云工具等，为“专精特新”企业带来了前所未有的发展机遇。这些数字技术的应用不仅极大地提高了企业的生产工艺效率，还有助于构建完善的研发创新体系，缓解融资压力，优化人力资本结构，并促进隐性知识的转化。

数字化变革推动“专精特新”企业技术能力提升。一是技术创新决策研究管理层可利用数智赋能工具（人工智能数据分析、图像分析、大数据处理套件等）收集和整合多元化外部信息，降低创新信息环境的不确定性和不对称性，为把握创新投资机会，提升创新决策有效性提供有力支撑。二是技术创新管理通过上云基础工具（云计算、云网络、云存储、云安全等）应用实现企业研发部门和组织管理部门之间的信息共享，有助于标准化技术流程应用，从而提升技术创新管理效能。三是企业可以通过工业互联网平台、云端智造协同平台实现技术创新知识的外溢效应，从而提升自身技术学习和技术成果转化能力。

数字化变革推动“专精特新”企业融资约束缓解。一是基于“四链融

合”，推动数字化技术应用（物联网开发平台、人工智能服务平台）对企业资金链、供应链、业务链和要素链进行精确匹配，提高资金内部融通效率。二是精准测算数据资产定价和交易流通的信息价值效应，降低资金供求双方的信息不对称性，缓解融资约束问题。三是基于资金储备和配置、信息识别、激励监督、风险管理要素，发挥数字金融对企业融资的助力作用。

数字化变革推动“专精特新”企业工匠精神培育和技能提升。具体而言，挖掘培育工匠精神的路径，通过工匠精神培育激发工业智能化（工业互联网、工业机器人、工业视觉 AI）对劳动密集型简单重复作业的替代效应；借助数字化转型对企业员工高级劳动技能和数字文化素养的塑造作用，实现企业人力资本结构的优化和劳动生产率的跃迁。

数字化变革推动“专精特新”企业隐性知识积累。“专精特新”企业积累了大量隐性知识，如纳微科技的微球材料制造技术、元琛科技的脱硝脱硫技术等。通过建设工程数据库，促使“专精特新”企业加大对抽象、隐性且专业性较强的知识予以解码和扩散。借助大数据应用、机器学习、自然语言处理等技术促进企业隐性知识显性化，强化知识学习与交流，形成知识积累优势。

数字化变革正成为推动“专精特新”企业实现多维融通创新的强大动力。“专精特新”企业要实现高质量发展，关键在于提升企业能力。而集成企业融通创新、跨产业融通创新以及大中小企业融通创新，是实现这一目标的可能路径。首先，集成企业融通创新借助云端协同的工业互联网平台，促进“专精特新”企业与产业链集成企业间的知识互动与融通创新，从而加快技术迭代的速度，提升企业的技术创新能力。其次，跨产业融通创新利用工业 4.0 技术、物联网技术和区块链技术等数字技术，打破产业边界，推动制造业与服务业的深度融合，实现跨界创新，为企业带来新的增长点。最后，大中小企业融通创新则聚焦于“专精特新”企业与大中型企业之间的合作。通过新一代信息技术的运用，可以有效促进双方以知识牵引的方式实现协同创新，共同推动产业链的升级与发展。

结　语

随着大数据技术的不断成熟与应用，中小企业经济管理与发展正步入一个全新的阶段。在这一阶段中，数据不仅成为企业决策的重要依据，更是推动创新、提升竞争力的关键要素。中小企业应当积极拥抱大数据技术，通过建设数据驱动的经营管理体系，提升对数据的整合、分析与运用能力，实现对企业运营的精准掌控和持续优化。

同时，中小企业还需注重数据安全和隐私保护，确保在利用大数据推动经济管理与发展的同时，不侵犯用户权益、不泄露企业机密。此外，企业还应加强人才培养和团队建设，培养一支具备数据思维、掌握数据分析技能的专业团队，为企业经济管理与发展提供有力的人才保障。

展望未来，大数据将继续深刻影响中小企业经济管理与发展。中小企业应紧跟时代步伐，不断探索和创新，将大数据技术与企业实际紧密结合，推动企业在激烈的市场竞争中脱颖而出，以实现持续、健康、稳定的发展。

参考文献

[1] 郑谢臣．中小企业管理创新视角与运营 [M]. 北京：航空工业出版社，2019.

[2] 卢现祥，朱巧玲．新制度经济学 [M]. 北京：北京大学出版社，2017.

[3] 董克用，李超平．人力资源管理概论 [M]. 北京：中国人民大学出版社，2019.

[4] 刘逸萱．大数据时代中小企业管理模式与创新 [M]. 北京：中国商业出版社，2023.

[5] 刘艺，程军玲．大数据时代背景下中小企业管理模式的创新研究 [J]. 中国管理信息化，2024，27(1)：103-106.

[6] 葛颖霞．大数据背景下中小企业财务管理创新研究 [J]. 营销界，2022(24)：81-83.

[7] 马明茜．大数据时代中小企业的市场营销分析 [J]. 营销界，2022(18)：14-16.

[8] 曾培庆．大数据环境下中小企业的内控风险防范和应对策略 [J]. 老字号品牌营销，2023(9)：64-66.

[9] 陈颖．基于大数据的中小企业人力资源管理创新研究 [J]. 华东科技，2023(1)：93-95.

[10] 周小刚，陈水琳，李丽清. 大数据能力、技术创新与人力资源服务企业竞争力关系研究 [J]. 管理评论，2021(7)：81-91.

[11] 黄华，谈樱佳，刘孟娟．金融支持“专精特新”企业发展研究 [J]. 金融纵横，2022(4)：67-75.

[12] 贺怡．专精特新企业现状分析及培养路径探索 [J]. 中国市场，2023(11)：92-95.

[13] 王慧，夏天添，马勇，等．中小企业数字化转型如何提升创新效率

基于经验取样法的调查 [J]. 科技管理研究，2021(18)：168-174.
[14] 朱楠 .“专精特新”企业科技成果转化路径分析 [J]. 科技智囊，2022(7)：30-33.
[15] 曾骁 . 中小企业数字化转型的实施路径研究 [J]. 商展经济，2024(2)：90-93.
[16] 陈文明 .“专精特新”中小企业标准体系的构建及对策研究 [J]. 中国标准化，2023(22)：82-86.
[17] 秦洪卫，杨立群 . 构建培育发展“专精特新”中小企业长效机制 [J]. 科技智囊，2023(5)：45-51.
[18] 张翼，罗萍 . 数字技术对中小企业“专精特新”发展的赋能机制研究 [J]. 改革与开放，2022(24)：63-72.
[19] 李永涛 . 中小企业数字化转型的思路与步骤 [J]. 江苏商论，2024(4)：24-26，36.
[20] 庄存波，刘检华，熊辉 . 产品数字孪生体的内涵、体系结构及其发展趋势 [J]. 计算机集成制造系统，2017(4)：753-768.
[21] 陈烨 . 中小企业数字化转型研究 [D]. 成都：四川大学，2021：48-52.
[22] 张国安 . 理解高质量发展内涵遵循高质量发展原则 [J]. 当代贵州，2024(1)：21-22.
[23] 陈一 . 我国大数据交易产权管理实践及政策进展研究 [J]. 现代情报，2019(11)：159-167.
[24] 锁箭，杨梅. 小微企业高质量发展：国际经验与中国借鉴 [J]. 齐鲁学刊，2023(2)：120-130.
[25] 张博坤 . 流通产业中企业数字化程度对企业短期经营绩效影响的实证研究 [J]. 中国商论，2023(10)：10-15.
[26] 刘意，谢康，邓弘林 . 数据驱动的产品研发转型：组织惯例适应性变革视角的案例研究 [J]. 管理世界，2020(3)：164-183.
[27] 何瑛 . 数字化变革推动中小企业高质量发展的理论逻辑与实践路径 [J].求索，2023(6)：53-62.
[28] 胡海波，周洁，卢海涛 . 数字化转型推动制造企业高质量发展：基

础、挑战与对策 [J]. 企业经济，2022(1)：17-23.
[29] 李先军 . 中小企业灾后救援：国际经验与中国方案 [J]. 云南社会科学，2022(6)：48-58.
[30] 刘微 . 大数据时代下企业人力资源管理模式创新研究 [J]. 现代商业，2023(2)：114-117.
[31] 梁翠华 . 大数据时代下企业人力资源管理模式创新 [J]. 人才资源开发，2022(6)：90-91.
[32] 祝福冬 . 大数据背景下企业财务管理创新研究 [J]. 现代营销（经营版），2020(1)：184.
[33] 陈晋霞 . 大数据时代背景下中小企业网络营销策略研究 [J]. 中国管理信息化，2020(19)：91-92.
[34] 刘抗英 . 大数据背景下的财务信息管理系统风险估计 [J]. 现代电子技术，2020(11)：79-82.
[35] 王明吉，秦咏 . 大数据视角下企业财务决策的变革举措研究 [J]. 经营与管理，2021(12)：76-80.
[36] 鲁鹏，陶蓉，周歆华 . 专精特新企业标准化现状与成长路径探究 [J]. 中国标准化，2022(13)：134-138.
[37] 刘赫 . 培育更多专精特新中小企业 [J].中国中小企业，2021(9)：6.
[38] 陆岷峰 . 关于我国中小微企业健康生态培育与数字化应用研究 [J]. 兰州学刊，2022(3)：52-61.
[39] 谭斌 . 中小企业走“专精特新”国际化道路探析 [J]. 商业经济，2021(7)：76-78.
[40] 张新，徐瑶玉，马良 . 中小企业数字化转型影响因素的组态效应研究 [J]. 经济与管理评论，2022(1)：92-102.